AFRIKÁANS
VOCABULARIO

ESPAÑOL-
AFRIKÁANS

Las palabras más útiles
Para expandir su vocabulario y refinar
sus habilidades lingüísticas

3000 palabras

Vocabulario Español-Afrikáans - 3000 palabras más usadas
por Andrey Taranov

Los vocabularios de T&P Books buscan ayudar en el aprendizaje, la memorización y la revisión de palabras de idiomas extranjeros. El diccionario se divide por temas, cubriendo toda la esfera de las actividades cotidianas, de negocios, ciencias, cultura, etc.

El proceso de aprendizaje de palabras utilizando los diccionarios temáticos de T&P Books le proporcionará a usted las siguientes ventajas:

- La información del idioma secundario está organizada claramente y predetermina el éxito para las etapas subsiguientes en la memorización de palabras.
- Las palabras derivadas de la misma raíz se agrupan, lo cual permite la memorización de grupos de palabras en vez de palabras aisladas.
- Las unidades pequeñas de palabras facilitan el proceso de reconocimiento de enlaces de asociación que se necesitan para la cohesión del vocabulario.
- De este modo, se puede estimar el número de palabras aprendidas y así también el nivel de conocimiento del idioma.

T&P Books Publishing
www.tpbooks.com

ISBN: 978-1-78716-494-9

Este libro está disponible en formato electrónico o de E-Book también.
Visite www.tpbooks.com o las librerías electrónicas más destacadas en la Red.

VOCABULARIO AFRIKÁANS
palabras más usadas

Los vocabularios de T&P Books buscan ayudar al aprendiz a aprender, memorizar y repasar palabras de idiomas extranjeros. Los vocabularios contienen más de 3000 palabras comúnmente usadas y organizadas de manera temática.

- El vocabulario contiene las palabras corrientes más usadas.
- Se recomienda como ayuda adicional a cualquier curso de idiomas.
- Capta las necesidades de aprendices de nivel principiante y avanzado.
- Es conveniente para uso cotidiano, prácticas de revisión y actividades de auto-evaluación.
- Facilita la evaluación del vocabulario.

Aspectos claves del vocabulario

- Las palabras se organizan según el significado, no según el orden alfabético.
- Las palabras se presentan en tres columnas para facilitar los procesos de repaso y auto-evaluación.
- Los grupos de palabras se dividen en pequeñas secciones para facilitar el proceso de aprendizaje.
- El vocabulario ofrece una transcripción sencilla y conveniente de cada palabra extranjera.

El vocabulario contiene 101 temas que incluyen lo siguiente:

Conceptos básicos, números, colores, meses, estaciones, unidades de medidas, ropa y accesorios, comida y nutrición, restaurantes, familia nuclear, familia extendida, características de personalidad, sentimientos, emociones, enfermedades, la ciudad y el pueblo, exploración del paisaje, compras, finanzas, la casa, el hogar, la oficina, el trabajo en oficina, importación y exportación, promociones, búsqueda de trabajo, deportes, educación, computación, la red, herramientas, la naturaleza, los países, las nacionalidades y más …

TABLA DE CONTENIDO

GUÍA DE PRONUNCIACIÓN

T&P alfabeto fonético	Ejemplo afrikáans	Ejemplo español
[a]	land	radio
[ā]	straat	contraataque
[æ]	hout	vencer
[o], [ɔ]	Australië	bolsa
[e]	metaal	verano
[ɛ]	aanlê	mes
[ə]	filter	llave
[ı]	uur	abismo
[i]	billik	ilegal
[ī]	naïef	rápido
[o]	koppie	bordado
[ø]	akteur	alemán - Hölle
[œ]	fluit	alemán - Hölle
[u]	hulle	mundo
[ʊ]	hout	pulpo
[b]	bakker	en barco
[d]	donder	desierto
[f]	navraag	golf
[g]	burger	jugada
[h]	driehoek	registro
[j]	byvoeg	asiento
[k]	kamera	charco
[l]	loon	lira
[m]	môre	nombre
[n]	neef	sonar
[p]	pyp	precio
[r]	rigting	era, alfombra
[s]	oplos	salva
[t]	lood, tenk	torre
[v]	bewaar	travieso
[w]	oorwinnaar	acuerdo
[z]	zoem	desde
[dʒ]	enjin	jazz
[ʃ]	artisjok	shopping
[ŋ]	kans	manga
[tʃ]	tjek	mapache
[ʒ]	beige	adyacente
[x]	agent	reloj

ABREVIATURAS
usadas en el vocabulario

Abreviatura en español

adj	-	adjetivo
adv	-	adverbio
anim.	-	animado
conj	-	conjunción
etc.	-	etcétera
f	-	sustantivo femenino
f pl	-	femenino plural
fam.	-	uso familiar
fem.	-	femenino
form.	-	uso formal
inanim.	-	inanimado
innum.	-	innumerable
m	-	sustantivo masculino
m pl	-	masculino plural
m, f	-	masculino, femenino
masc.	-	masculino
mat	-	matemáticas
mil.	-	militar
num.	-	numerable
p.ej.	-	por ejemplo
pl	-	plural
pron	-	pronombre
sg	-	singular
v aux	-	verbo auxiliar
vi	-	verbo intransitivo
vi, vt	-	verbo intransitivo, verbo transitivo
vr	-	verbo reflexivo
vt	-	verbo transitivo

CONCEPTOS BÁSICOS

1. Los pronombres

yo	**ek, my**	[ɛk], [maj]
tú	**jy**	[jaj]
él	**hy**	[haj]
ella	**sy**	[saj]
ello	**dit**	[dit]
nosotros, -as	**ons**	[ɔŋs]
vosotros, -as	**julle**	[jullə]
Usted	**u**	[u]
Ustedes	**u**	[u]
ellos, ellas	**hulle**	[hullə]

2. Saludos. Salutaciones

¡Hola! (fam.)	**Hallo!**	[hallo!]
¡Hola! (form.)	**Hallo!**	[hallo!]
¡Buenos días!	**Goeie môre!**	[χuje mɔrə!]
¡Buenas tardes!	**Goeiemiddag!**	[χuje·middaχ!]
¡Buenas noches!	**Goeienaand!**	[χuje·nānt!]
decir hola	**dagsê**	[daχsɛ:]
¡Hola! (a un amigo)	**Hallo!**	[hallo!]
saludo (m)	**groet**	[χrut]
saludar (vt)	**groet**	[χrut]
¿Cómo estás?	**Hoe gaan dit?**	[hu χān dit?]
¿Cómo estáis?	**Hoe gaan dit?**	[hu χān dit?]
¿Qué hay de nuevo?	**Hoe gaan dit?**	[hu χān dit?]
¡Chau! ¡Adiós!	**Totsiens!**	[totsiŋs!]
¡Hasta la vista! (form.)	**Totsiens!**	[totsiŋs!]
¡Hasta la vista! (fam.)	**Koebaai!**	[kubāi!]
¡Hasta pronto!	**Totsiens!**	[totsiŋs!]
¡Adiós! (form.)	**Vaarwel!**	[fārwel!]
despedirse (vr)	**afskeid neem**	[afskæjt neəm]
¡Hasta luego!	**Koebaai!**	[kubāi!]
¡Gracias!	**Dankie!**	[danki!]
¡Muchas gracias!	**Baie dankie!**	[baje danki!]
De nada	**Plesier**	[plesir]
No hay de qué	**Plesier!**	[plesir!]
De nada	**Plesier**	[plesir]
¡Disculpa!	**Ekskuus!**	[ɛkskɪs!]
¡Disculpe!	**Verskoon my!**	[ferskoən maj!]

disculpar (vt)	verskoon	[ferskoən]
disculparse (vr)	verskoning vra	[ferskoniŋ fra]
Mis disculpas	Verskoning	[ferskoniŋ]
¡Perdóneme!	Ek is jammer!	[ɛk is jammər!]
perdonar (vt)	vergewe	[ferχevə]
¡No pasa nada!	Maak nie saak nie!	[māk ni sāk ni!]
por favor	asseblief	[asseblif]
¡No se le olvide!	Vergeet dit nie!	[ferχeət dit ni!]
¡Ciertamente!	Beslis!	[beslis!]
¡Claro que no!	Natuurlik nie!	[nattɪrlik ni!]
¡De acuerdo!	OK!	[okej!]
¡Basta!	Dis genoeg!	[dis χenuχ!]

3. Las preguntas

¿Quién?	Wie?	[vi?]
¿Qué?	Wat?	[vat?]
¿Dónde?	Waar?	[vār?]
¿Adónde?	Waarheen?	[vārheən?]
¿De dónde?	Waarvandaan?	[vārfandān?]
¿Cuándo?	Wanneer?	[vanneer?]
¿Para qué?	Hoekom?	[hukom?]
¿Por qué?	Hoekom?	[hukom?]
¿Por qué razón?	Vir wat?	[fir vat?]
¿Cómo?	Hoe?	[hu?]
¿Qué ...? (~ color)	Watter?	[vattər?]
¿Cuál?	Watter een?	[vattər eən?]
¿A quién?	Vir wie?	[fir vi?]
¿De quién? (~ hablan ...)	Oor wie?	[oər vi?]
¿De qué?	Oor wat?	[oər vat?]
¿Con quién?	Met wie?	[met vi?]
¿Cuánto?	Hoeveel?	[hufeel?]

4. Las preposiciones

con ... (~ algn)	met	[met]
sin ... (~ azúcar)	sonder	[sondər]
a ... (p.ej. voy a México)	na	[na]
de ... (hablar ~)	oor	[oər]
antes de ...	voor	[foər]
delante de ...	voor ...	[foər ...]
debajo	onder	[ondər]
sobre ..., encima de ...	oor	[oər]
en, sobre (~ la mesa)	op	[op]
de (origen)	uit	[œit]
de (fabricado de)	van	[fan]
dentro de ...	oor	[oər]
encima de ...	oor	[oər]

5. Las palabras útiles. Los adverbios. Unidad 1

¿Dónde?	Waar?	[vãr?]
aquí (adv)	hier	[hir]
allí (adv)	daar	[dãr]

| en alguna parte | êrens | [ærɛŋs] |
| en ninguna parte | nêrens | [nærɛŋs] |

| junto a ... | by | [baj] |
| junto a la ventana | by | [baj] |

¿A dónde?	Waarheen?	[vãrheən?]
aquí (venga ~)	hier	[hir]
allí (vendré ~)	soontoe	[soentu]
de aquí (adv)	hiervandaan	[hirfandãn]
de allí (adv)	daarvandaan	[dãrfandãn]

| cerca (no lejos) | naby | [nabaj] |
| lejos (adv) | ver | [fer] |

cerca de ...	naby	[nabaj]
al lado (de ...)	naby	[nabaj]
no lejos (adv)	nie ver nie	[ni fər ni]

izquierdo (adj)	linker-	[linkər-]
a la izquierda (situado ~)	op linkerhand	[op linkərhant]
a la izquierda (girar ~)	na links	[na links]

derecho (adj)	regter	[rɛχtər]
a la derecha (situado ~)	op regterhand	[op rɛχtərhant]
a la derecha (girar)	na regs	[na rɛχs]

delante (yo voy ~)	voor	[foər]
delantero (adj)	voorste	[foərstə]
adelante (movimiento)	vooruit	[foərœit]

detrás de ...	agter	[aχtər]
desde atrás	van agter	[fan aχtər]
atrás (da un paso ~)	agtertoe	[aχtərtu]

| centro (m), medio (m) | middel | [middəl] |
| en medio (adv) | in die middel | [in di middəl] |

de lado (adv)	op die sykant	[op di sajkant]
en todas partes	orals	[orals]
alrededor (adv)	orals rond	[orals ront]

de dentro (adv)	van binne	[fan binnə]
a alguna parte	êrens	[ærɛŋs]
todo derecho (adv)	reguit	[rɛχœit]
atrás (muévelo para ~)	terug	[teruχ]

| de alguna parte (adv) | êrens vandaan | [ærɛŋs fandãn] |
| no se sabe de dónde | êrens vandaan | [ærɛŋs fandãn] |

primero (adv)	in die eerste plek	[in di eərstə plek]
segundo (adv)	in die tweede plek	[in di tweədə plek]
tercero (adv)	in die derde plek	[in di derdə plek]

de súbito (adv)	skielik	[skilik]
al principio (adv)	aan die begin	[ãn di beχin]
por primera vez	vir die eerste keer	[fir di eərstə keər]
mucho tiempo antes ...	lank voordat ...	[lank foərdat ...]
de nuevo (adv)	opnuut	[opnɪt]
para siempre (adv)	vir goed	[fir χut]

jamás, nunca (adv)	nooit	[nojt]
de nuevo (adv)	weer	[veər]
ahora (adv)	nou	[næʊ]
frecuentemente (adv)	dikwels	[dikwɛls]
entonces (adv)	toe	[tu]
urgentemente (adv)	dringend	[driŋən]
usualmente (adv)	gewoonlik	[χevoənlik]

a propósito, ...	terloops, ...	[terloəps], [...]
es probable	moontlik	[moentlik]
probablemente (adv)	waarskynlik	[vãrskajnlik]
tal vez	dalk	[dalk]
además ...	trouens ...	[træʊɛŋs ...]
por eso ...	dis hoekom ...	[dis hukom ...]
a pesar de ...	ondanks ...	[ondanks ...]
gracias a ...	danksy ...	[danksaj ...]

qué (pron)	wat	[vat]
que (conj)	dat	[dat]
algo (~ le ha pasado)	lets	[ɪts]
algo (~ así)	iets	[its]
nada (f)	niks	[niks]

quien	wie	[vi]
alguien (viene ~)	iemand	[imant]
alguien (¿ha llamado ~?)	iemand	[imant]

nadie	niemand	[nimant]
a ninguna parte	nêrens	[nærɛŋs]
de nadie	niemand se	[nimant sə]
de alguien	iemand se	[imant sə]

tan, tanto (adv)	so	[so]
también (~ habla francés)	ook	[oək]
también (p.ej. Yo ~)	ook	[oək]

6. Las palabras útiles. Los adverbios. Unidad 2

| ¿Por qué? | Waarom? | [vãrom?] |
| porque ... | omdat ... | [omdat ...] |

| y (p.ej. uno y medio) | en | [ɛn] |
| o (p.ej. té o café) | of | [of] |

| pero (p.ej. me gusta, ~) | maar | [mãr] |
| para (p.ej. es para ti) | vir | [fir] |

demasiado (adv)	te	[te]
sólo, solamente (adv)	net	[net]
exactamente (adv)	presies	[presis]
unos …,	ongeveer	[onχəfeər]
cerca de … (~ 10 kg)		

aproximadamente	ongeveer	[onχəfeər]
aproximado (adj)	geraamde	[χerãmdə]
casi (adv)	amper	[ampər]
resto (m)	die res	[di res]

el otro (adj)	die ander	[di andər]
otro (p.ej. el otro día)	ander	[andər]
cada (adj)	elke	[ɛlkə]
cualquier (adj)	enige	[ɛniχə]
mucho (adv)	baie	[baje]
muchos (mucha gente)	baie mense	[baje mɛŋsə]
todos	almal	[almal]

a cambio de …	in ruil vir …	[in rœil fir …]
en cambio (adv)	as vergoeding	[as ferχudiŋ]
a mano (hecho ~)	met die hand	[met di hant]
poco probable	skaars	[skãrs]

probablemente	waarskynlik	[vãrskajnlik]
a propósito (adv)	opsetlik	[opsetlik]
por accidente (adv)	toevallig	[tufalləχ]

muy (adv)	baie	[baje]
por ejemplo (adv)	byvoorbeeld	[bajfoərbeəlt]
entre (~ nosotros)	tussen	[tussən]
entre (~ otras cosas)	tussen	[tussən]
tanto (~ gente)	so baie	[so baje]
especialmente (adv)	veral	[feral]

NÚMEROS. MISCELÁNEA

cero	**nul**	[nul]
uno	**een**	[eən]
dos	**twee**	[tweə]
tres	**drie**	[dri]
cuatro	**vier**	[fir]
cinco	**vyf**	[fajf]
seis	**ses**	[ses]
siete	**sewe**	[sevə]
ocho	**ag**	[aχ]
nueve	**nege**	[neχə]
diez	**tien**	[tin]
once	**elf**	[εlf]
doce	**twaalf**	[twālf]
trece	**dertien**	[dertin]
catorce	**veertien**	[feərtin]
quince	**vyftien**	[fajftin]
dieciséis	**sestien**	[sestin]
diecisiete	**sewetien**	[sevətin]
dieciocho	**agtien**	[aχtin]
diecinueve	**negetien**	[neχetin]
veinte	**twintig**	[twintəχ]
veintiuno	**een-en-twintig**	[eən-en-twintəχ]
veintidós	**twee-en-twintig**	[tweə-en-twintəχ]
veintitrés	**drie-en-twintig**	[dri-en-twintəχ]
treinta	**dertig**	[dertəχ]
treinta y uno	**een-en-dertig**	[eən-en-dertəχ]
treinta y dos	**twee-en-dertig**	[tweə-en-dertəχ]
treinta y tres	**drie-en-dertig**	[dri-en-dertəχ]
cuarenta	**veertig**	[feərtəχ]
cuarenta y uno	**een-en-veertig**	[eən-en-feərtəχ]
cuarenta y dos	**twee-en-veertig**	[tweə-en-feərtəχ]
cuarenta y tres	**vier-en-veertig**	[fir-en-feərtəχ]
cincuenta	**vyftig**	[fajftəχ]
cincuenta y uno	**een-en-vyftig**	[eən-en-fajftəχ]
cincuenta y dos	**twee-en-vyftig**	[tweə-en-fajftəχ]
cincuenta y tres	**drie-en-vyftig**	[dri-en-fajftəχ]
sesenta	**sestig**	[sestəχ]
sesenta y uno	**een-en-sestig**	[eən-en-sestəχ]

| sesenta y dos | twee-en-sestig | [tweə-en-sestəχ] |
| sesenta y tres | drie-en-sestig | [dri-en-sestəχ] |

setenta	sewentig	[seventəχ]
setenta y uno	een-en-sewentig	[eən-en-seventəχ]
setenta y dos	twee-en-sewentig	[tweə-en-seventəχ]
setenta y tres	drie-en-sewentig	[dri-en-seventəχ]

ochenta	tagtig	[taχtəχ]
ochenta y uno	een-en-tagtig	[eən-en-taχtəχ]
ochenta y dos	twee-en-tagtig	[tweə-en-taχtəχ]
ochenta y tres	drie-en-tagtig	[dri-en-taχtəχ]

noventa	negentig	[neχentəχ]
noventa y uno	een-en-negentig	[eən-en-neχentəχ]
noventa y dos	twee-en-negentig	[tweə-en-neχentəχ]
noventa y tres	drie-en-negentig	[dri-en-neχentəχ]

8. Números cardinales. Unidad 2

cien	honderd	[hondərt]
doscientos	tweehonderd	[twee·hondərt]
trescientos	driehonderd	[dri·hondərt]
cuatrocientos	vierhonderd	[fir·hondərt]
quinientos	vyfhonderd	[fajf·hondərt]

seiscientos	seshonderd	[ses·hondərt]
setecientos	sewehonderd	[sevə·hondərt]
ochocientos	aghonderd	[aχ·hondərt]
novecientos	negehonderd	[neχə·hondərt]

mil	duisend	[dœisent]
dos mil	tweeduisend	[twee·dœisent]
tres mil	drieduisend	[dri·dœisent]
diez mil	tienduisend	[tin·dœisent]
cien mil	honderdduisend	[hondərt·dajsent]
millón (m)	miljoen	[miljun]
mil millones	miljard	[miljart]

9. Números ordinales

primero (adj)	eerste	[eərstə]
segundo (adj)	tweede	[tweədə]
tercero (adj)	derde	[derdə]
cuarto (adj)	vierde	[firdə]
quinto (adj)	vyfde	[fajfdə]

sexto (adj)	sesde	[sesdə]
séptimo (adj)	sewende	[sevendə]
octavo (adj)	agste	[aχstə]
noveno (adj)	negende	[neχendə]
décimo (adj)	tiende	[tində]

LOS COLORES. LAS UNIDADES DE MEDIDA

10. Los colores

color (m)	kleur	[kløər]
matiz (m)	skakering	[skakerin̩]
tono (m)	tint	[tint]
arco (m) iris	reënboog	[reɛn·boəχ]
blanco (adj)	wit	[vit]
negro (adj)	swart	[swart]
gris (adj)	grys	[χrajs]
verde (adj)	groen	[χrun]
amarillo (adj)	geel	[χeəl]
rojo (adj)	rooi	[roj]
azul (adj)	blou	[blæʋ]
azul claro (adj)	ligblou	[liχ·blæʋ]
rosa (adj)	pienk	[pink]
naranja (adj)	oranje	[oranje]
violeta (adj)	pers	[pers]
marrón (adj)	bruin	[brœin]
dorado (adj)	goue	[χæʋə]
argentado (adj)	silweragtig	[silweraχtəχ]
beige (adj)	beige	[bɛ:iʒ]
crema (adj)	roomkleurig	[roəm·kløərəχ]
turquesa (adj)	turkoois	[turkojs]
rojo cereza (adj)	kersierooi	[kersi·roj]
lila (adj)	lila	[lila]
carmesí (adj)	karmosyn	[karmosajn]
claro (adj)	lig	[liχ]
oscuro (adj)	donker	[donkər]
vivo (adj)	helder	[hɛldər]
de color (lápiz ~)	kleurig	[kløərəχ]
en colores (película ~)	kleur	[kløər]
blanco y negro (adj)	swart-wit	[swart-wit]
unicolor (adj)	effe	[ɛffə]
multicolor (adj)	veelkleurig	[feəlkløərəχ]

11. Las unidades de medida

peso (m)	gewig	[χevəχ]
longitud (f)	lengte	[lentə]

anchura (f)	breedte	[breedtə]
altura (f)	hoogte	[hoəχtə]
profundidad (f)	diepte	[diptə]
volumen (m)	volume	[folumə]
área (f)	area	[area]

gramo (m)	gram	[χram]
miligramo (m)	milligram	[milliχram]
kilogramo (m)	kilogram	[kiloχram]
tonelada (f)	ton	[ton]
libra (f)	pond	[pont]
onza (f)	ons	[ɔŋs]

metro (m)	meter	[metər]
milímetro (m)	millimeter	[millimetər]
centímetro (m)	sentimeter	[sentimetər]
kilómetro (m)	kilometer	[kilometər]
milla (f)	myl	[majl]

pulgada (f)	duim	[dœim]
pie (m)	voet	[fut]
yarda (f)	jaart	[jãrt]

| metro (m) cuadrado | vierkante meter | [firkantə metər] |
| hectárea (f) | hektaar | [hektãr] |

litro (m)	liter	[litər]
grado (m)	graad	[χrãt]
voltio (m)	volt	[folt]
amperio (m)	ampère	[ampɛːr]
caballo (m) de fuerza	perdekrag	[perdə·kraχ]

cantidad (f)	hoeveelheid	[hufeəlhæjt]
mitad (f)	helfte	[hɛlftə]
docena (f)	dosyn	[dosajn]
pieza (f)	stuk	[stuk]

| dimensión (f) | grootte | [χroəttə] |
| escala (f) (del mapa) | skaal | [skãl] |

mínimo (adj)	minimaal	[minimãl]
el más pequeño (adj)	die kleinste	[di klæjnstə]
medio (adj)	medium	[medium]
máximo (adj)	maksimaal	[maksimãl]
el más grande (adj)	die grootste	[di χroətstə]

12. Contenedores

tarro (m) de vidrio	glaspot	[χlas·pot]
lata (f)	blikkie	[blikki]
cubo (m)	emmer	[ɛmmər]
barril (m)	drom	[drom]
palangana (f)	wasbak	[vas·bak]
tanque (m)	tenk	[tɛnk]

petaca (f) (de alcohol)	**heupfles**	[høəp·fles]
bidón (m) de gasolina	**petrolblik**	[petrol·blik]
cisterna (f)	**tenk**	[tɛnk]
taza (f) (mug de cerámica)	**beker**	[bekər]
taza (f) (~ de café)	**koppie**	[koppi]
platillo (m)	**piering**	[piriŋ]
vaso (m) (~ de agua)	**glas**	[χlas]
copa (f) (~ de vino)	**wynglas**	[vajn·χlas]
olla (f)	**soppot**	[sop·pot]
botella (f)	**bottel**	[bottəl]
cuello (m) de botella	**nek**	[nek]
garrafa (f)	**kraffie**	[kraffi]
jarro (m) (~ de agua)	**kruik**	[krœik]
recipiente (m)	**houer**	[hæʊər]
tarro (m)	**pot**	[pot]
florero (m)	**vaas**	[fãs]
frasco (m) (~ de perfume)	**bottel**	[bottəl]
frasquito (m)	**botteltjie**	[bottɛlki]
tubo (m)	**buisie**	[bœisi]
saco (m) (~ de azúcar)	**sak**	[sak]
bolsa (f) (~ plástica)	**sak**	[sak]
paquete (m) (~ de cigarrillos)	**pakkie**	[pakki]
caja (f)	**kartondoos**	[karton·doəs]
cajón (m) (~ de madera)	**krat**	[kɪ al]
cesta (f)	**mandjie**	[mandʒi]

LOS VERBOS MÁS IMPORTANTES

13. Los verbos más importantes. Unidad 1

abrir (vt)	oopmaak	[oəpmãk]
acabar, terminar (vt)	klaarmaak	[klãrmãk]
aconsejar (vt)	aanraai	[ãnrãi]
adivinar (vt)	raai	[rãi]
advertir (vt)	waarsku	[vãrsku]
alabarse, jactarse (vr)	spog	[spoχ]
almorzar (vi)	gaan eet	[χãn eət]
alquilar (~ una casa)	huur	[hɪr]
amenazar (vt)	dreig	[dræjχ]
arrepentirse (vr)	jammer wees	[jammər veəs]
ayudar (vt)	help	[hɛlp]

bañarse (vr)	gaan swem	[χãn swem]
bromear (vi)	grappies maak	[χrappis mãk]
buscar (vt)	soek ...	[suk ...]
caer (vi)	val	[fal]
callarse (vr)	stilbly	[stilblaj]
cambiar (vt)	verander	[ferandər]
castigar, punir (vt)	straf	[straf]
cavar (vt)	grawe	[χravə]
cazar (vi, vt)	jag	[jaχ]
cenar (vi)	aandete gebruik	[ãndetə χebrœik]
cesar (vt)	ophou	[ophæʊ]
coger (vt)	vang	[faŋ]
comenzar (vt)	begin	[beχin]

comparar (vt)	vergelyk	[ferχəlajk]
comprender (vt)	verstaan	[ferstãn]
confiar (vt)	vertrou	[fertræʊ]
confundir (vt)	verwar	[ferwar]
conocer (~ a alguien)	ken	[ken]
contar (vt) (enumerar)	tel	[təl]

contar con ...	reken op ...	[reken op ...]
continuar (vt)	aangaan	[ãnχãn]
controlar (vt)	kontroleer	[kontroleər]
correr (vi)	hardloop	[hardloəp]
costar (vt)	kos	[kos]
crear (vt)	skep	[skep]

14. Los verbos más importantes. Unidad 2

dar (vt)	gee	[χeə]
decir (vt)	sê	[sɛ:]

decorar (para la fiesta)	versier	[fersir]
defender (vt)	verdedig	[ferdedəχ]
dejar caer	laat val	[lãt fal]
desayunar (vi)	ontbyt	[ontbajt]
descender (vi)	afkom	[afkom]
dirigir (administrar)	beheer	[beheər]
disculpar (vt)	verskoon	[ferskoən]
disculparse (vr)	verskoning vra	[ferskoniŋ fra]
discutir (vt)	bespreek	[bespreək]
dudar (vt)	twyfel	[twajfəl]
encontrar (hallar)	vind	[fint]
engañar (vi, vt)	bedrieg	[bedrəχ]
entrar (vi)	binnegaan	[binnəχãn]
enviar (vt)	stuur	[stɪr]
escoger (vt)	kies	[kis]
esconder (vt)	wegsteek	[veχsteək]
escribir (vt)	skryf	[skrajf]
esperar (aguardar)	wag	[vaχ]
esperar (tener esperanza)	hoop	[hoəp]
estar (vi)	wees	[veəs]
estar de acuerdo	saamstem	[sãmstem]
estudiar (vt)	studeer	[studeər]
exigir (vt)	eis	[æjs]
existir (vi)	bestaan	[bestãn]
explicar (vt)	verduidelik	[ferdœidəlik]
faltar (a las clases)	bank	[baⁿk]
firmar (~ el contrato)	teken	[tekən]
girar (~ a la izquierda)	draai	[drãi]
gritar (vi)	skreeu	[skriʊ]
guardar (conservar)	bewaar	[bevãr]
gustar (vi)	hou van	[hæʊ fan]
hablar (vi, vt)	praat	[prãt]
hacer (vt)	doen	[dun]
informar (vt)	in kennis stel	[in kɛnnis stəl]
insistir (vi)	aandring	[ãndriŋ]
insultar (vt)	beledig	[beledəχ]
interesarse (vr)	belangstel in ...	[belaŋstəl in ...]
invitar (vt)	uitnooi	[œitnoj]
ir (a pie)	gaan	[χãn]
jugar (divertirse)	speel	[speəl]

15. Los verbos más importantes. Unidad 3

leer (vi, vt)	lees	[leəs]
liberar (ciudad, etc.)	bevry	[befraj]
llamar (por ayuda)	roep	[rup]
llegar (vi)	aankom	[ãnkom]

llorar (vi)	huil	[hœil]

matar (vt)	doodmaak	[doədmāk]
mencionar (vt)	verwys na	[ferwajs na]
mostrar (vt)	wys	[vajs]
nadar (vi)	swem	[swem]

negarse (vr)	weier	[væejer]
objetar (vt)	beswaar maak	[beswār māk]
observar (vt)	waarneem	[vārneəm]
oír (vt)	hoor	[hoər]

olvidar (vt)	vergeet	[ferχeət]
orar (vi)	bid	[bit]
ordenar (mil.)	beveel	[befeəl]
pagar (vi, vt)	betaal	[betāl]
pararse (vr)	stilhou	[stilhæʊ]

participar (vi)	deelneem	[deəlneəm]
pedir (ayuda, etc.)	vra	[fra]
pedir (en restaurante)	bestel	[bestəl]
pensar (vi, vt)	dink	[dink]

percibir (ver)	raaksien	[rāksin]
perdonar (vt)	vergewe	[ferχeveə]
permitir (vt)	toestaan	[tustān]
pertenecer a ...	behoort aan ...	[behoərt ān ...]

planear (vt)	beplan	[beplan]
poder (v aux)	kan	[kan]
poseer (vt)	besit	[besit]
preferir (vt)	verkies	[ferkis]
preguntar (vt)	vra	[fra]

preparar (la cena)	kook	[koək]
prever (vt)	voorsien	[foərsin]
probar, tentar (vt)	probeer	[probeər]
prometer (vt)	beloof	[beloəf]
pronunciar (vt)	uitspreek	[œitspreək]

proponer (vt)	voorstel	[foərstəl]
quebrar (vt)	breek	[breək]
quejarse (vr)	kla	[kla]
querer (amar)	liefhê	[lifhɛ:]
querer (desear)	wil	[vil]

16. Los verbos más importantes. Unidad 4

recomendar (vt)	aanbeveel	[ānbefeəl]
regañar, reprender (vt)	uitvaar teen	[œitfār teən]
reírse (vr)	lag	[laχ]
repetir (vt)	herhaal	[herhāl]
reservar (~ una mesa)	bespreek	[bespreək]
responder (vi, vt)	antwoord	[antwoərt]

robar (vt)	steel	[steəl]
saber (~ algo mas)	weet	[veət]
salir (vi)	uitgaan	[œitχān]
salvar (vt)	red	[ret]
seguir ...	volg ...	[folχ ...]
sentarse (vr)	gaan sit	[χān sit]

ser (vi)	wees	[veəs]
ser necesario	nodig wees	[nodəχ veəs]
significar (vt)	beteken	[betekən]
sonreír (vi)	glimlag	[χlimlaχ]
sorprenderse (vr)	verbaas wees	[ferbās veəs]

subestimar (vt)	onderskat	[ondərskat]
tener (vt)	hê	[hɛ:]
tener hambre	honger wees	[hoŋər veəs]
tener miedo	bang wees	[baŋ veəs]

tener prisa	opskud	[opskut]
tener sed	dors wees	[dors veəs]
tirar, disparar (vi)	skiet	[skit]
tocar (con las manos)	aanraak	[ānrāk]
tomar (vt)	vat	[fat]
tomar nota	opskryf	[opskrajf]

trabajar (vi)	werk	[verk]
traducir (vt)	vertaal	[fertāl]
unir (vt)	verenig	[ferenəχ]
vender (vt)	verkoop	[ferkoəp]
ver (vt)	sien	[siɳ]
volar (pájaro, avión)	vlieg	[fliχ]

LA HORA. EL CALENDARIO

17. Los días de la semana

lunes (m)	Maandag	[mãndaχ]
martes (m)	Dinsdag	[dinsdaχ]
miércoles (m)	Woensdag	[voɛŋsdaχ]
jueves (m)	Donderdag	[dondərdaχ]
viernes (m)	Vrydag	[frajdaχ]
sábado (m)	Saterdag	[satərdaχ]
domingo (m)	Sondag	[sondaχ]

hoy (adv)	vandag	[fandaχ]
mañana (adv)	môre	[mɔrə]
pasado mañana	oormôre	[oərmɔrə]
ayer (adv)	gister	[χistər]
anteayer (adv)	eergister	[eərχistər]

día (m)	dag	[daχ]
día (m) de trabajo	werksdag	[verks·daχ]
día (m) de fiesta	openbare vakansiedag	[openbarə fakaŋsi·daχ]
día (m) de descanso	verlofdag	[ferlofdaχ]
fin (m) de semana	naweek	[naveək]

todo el día	die hele dag	[di helə daχ]
al día siguiente	die volgende dag	[di folχendə daχ]
dos días atrás	twee dae gelede	[tweə daə χeledə]
en vísperas (adv)	die dag voor	[di daχ foər]
diario (adj)	daeliks	[daəliks]
cada día (adv)	elke dag	[ɛlkə daχ]

semana (f)	week	[veək]
semana (f) pasada	laas week	[lãs veək]
semana (f) que viene	volgende week	[folχendə veək]
semanal (adj)	weekliks	[veəkliks]
cada semana (adv)	weekliks	[veəkliks]
todos los martes	elke Dinsdag	[ɛlkə dinsdaχ]

18. Las horas. El día y la noche

mañana (f)	oggend	[oχent]
por la mañana	soggens	[soχɛŋs]
mediodía (m)	middag	[middaχ]
por la tarde	in die namiddag	[in di namiddaχ]

noche (f)	aand	[ãnt]
por la noche	saans	[sãŋs]
noche (f) (p.ej. 2:00 a.m.)	nag	[naχ]

| por la noche | snags | [snaχs] |
| medianoche (f) | middernag | [middərnaχ] |

segundo (m)	sekonde	[sekondə]
minuto (m)	minuut	[minɪt]
hora (f)	uur	[ɪr]
media hora (f)	n halfuur	[n halfɪr]
quince minutos	vyftien minute	[fajftin minutə]
veinticuatro horas	24 ure	[fir-en-twintəχ urə]

salida (f) del sol	sonop	[son·op]
amanecer (m)	daeraad	[daerãt]
madrugada (f)	elke oggend	[ɛlkə oχent]
puesta (f) del sol	sononder	[son·ondər]

de madrugada	vroegdag	[fruχdaχ]
esta mañana	vanmôre	[fanmɔrə]
mañana por la mañana	môreoggend	[mɔrə·oχent]

esta tarde	vanmiddag	[fanmiddaχ]
por la tarde	in die namiddag	[in di namiddaχ]
mañana por la tarde	môremiddag	[mɔrə·middaχ]

| esta noche (p.ej. 8:00 p.m.) | vanaand | [fanãnt] |
| mañana por la noche | môreaand | [mɔrə·ãnt] |

a las tres en punto	klokslag 3 uur	[klokslaχ dri ɪr]
a eso de las cuatro	omstreeks 4 uur	[omstreəks fir ɪr]
para las doce	teen 12 uur	[teən twalf ɪr]

| dentro de veinte minutos | oor twintig minute | [oər twintəχ minutə] |
| a tiempo (adv) | betyds | [betajds] |

… menos cuarto	kwart voor …	[kwart foər …]
cada quince minutos	elke 15 minute	[ɛlkə fajftin minutə]
día y noche	24 uur per dag	[fir-en-twintəχ pər daχ]

19. Los meses. Las estaciones

enero (m)	Januarie	[januari]
febrero (m)	Februarie	[februari]
marzo (m)	Maart	[mãrt]
abril (m)	April	[april]
mayo (m)	Mei	[mæj]
junio (m)	Junie	[juni]

julio (m)	Julie	[juli]
agosto (m)	Augustus	[ouχustus]
septiembre (m)	September	[septembər]
octubre (m)	Oktober	[oktobər]
noviembre (m)	November	[nofembər]
diciembre (m)	Desember	[desembər]
primavera (f)	lente	[lentə]
en primavera	in die lente	[in di lentə]

de primavera (adj)	lente-	[lente-]
verano (m)	somer	[somər]
en verano	in die somer	[in di somər]
de verano (adj)	somerse	[somersə]
otoño (m)	herfs	[herfs]
en otoño	in die herfs	[in di herfs]
de otoño (adj)	herfsagtige	[herfsaχtiχə]
invierno (m)	winter	[vintər]
en invierno	in die winter	[in di vintər]
de invierno (adj)	winter-	[vintər-]
mes (m)	maand	[mānt]
este mes	hierdie maand	[hirdi mānt]
al mes siguiente	volgende maand	[folχendə mānt]
el mes pasado	laasmaand	[lāsmānt]
dentro de dos meses	oor twe maande	[oər twe mãndə]
todo el mes	die hele maand	[di helə mānt]
mensual (adj)	maandeliks	[māndəliks]
mensualmente (adv)	maandeliks	[māndəliks]
cada mes	elke maand	[ɛlkə mānt]
año (m)	jaar	[jãr]
este año	hierdie jaar	[hirdi jãr]
el próximo año	volgende jaar	[folχendə jãr]
el año pasado	laasjaar	[lãʃãr]
dentro de dos años	binne twee jaar	[binnə tweə jãr]
todo el año	die hele jaar	[di helə jãr]
cada año	elke jaar	[ɛlkə jãr]
anual (adj)	jaarliks	[jãrliks]
anualmente (adv)	jaarliks	[jãrliks]
cuatro veces por año	4 keer per jaar	[fir keər pər jãr]
fecha (f) (la ~ de hoy es …)	datum	[datum]
fecha (f) (~ de entrega)	datum	[datum]
calendario (m)	kalender	[kalendər]
seis meses	ses maande	[ses mãndə]
estación (f)	seisoen	[sæjsun]
siglo (m)	eeu	[iʊ]

EL VIAJE. EL HOTEL

20. Las vacaciones. El viaje

turismo (m)	**toerisme**	[turismə]
turista (m)	**toeris**	[turis]
viaje (m)	**reis**	[ræjs]
aventura (f)	**avontuur**	[afontɪr]
viaje (m) (p.ej. ~ en coche)	**reis**	[ræjs]
vacaciones (f pl)	**vakansie**	[fakaŋsi]
estar de vacaciones	**met vakansie wees**	[met fakaŋsi veəs]
descanso (m)	**rus**	[rus]
tren (m)	**trein**	[træjn]
en tren	**per trein**	[pər træjn]
avión (m)	**vliegtuig**	[fliχtœiχ]
en avión	**per vliegtuig**	[pər fliχtœiχ]
en coche	**per motor**	[pər motor]
en barco	**per skip**	[pər skip]
equipaje (m)	**bagasie**	[baχasi]
maleta (f)	**tas**	[tas]
carrito (m) de equipaje	**bagasiekarretjie**	[baχasi karreki]
pasaporte (m)	**paspoort**	[paspoərt]
visado (m)	**visum**	[fisum]
billete (m)	**kaartjie**	[kārki]
billete (m) de avión	**lugkaartjie**	[luχ·kārki]
guía (f) (libro)	**reisgids**	[ræisχids]
mapa (m)	**kaart**	[kārt]
área (f) (~ rural)	**gebied**	[χebit]
lugar (m)	**plek**	[plek]
exotismo (m)	**eksotiese dinge**	[ɛksotisə diŋə]
exótico (adj)	**eksoties**	[ɛksotis]
asombroso (adj)	**verbasend**	[ferbasent]
grupo (m)	**groep**	[χrup]
excursión (f)	**uitstappie**	[œitstappi]
guía (m) (persona)	**gids**	[χids]

21. El hotel

hotel (m)	**hotel**	[hotəl]
motel (m)	**motel**	[motəl]
de tres estrellas	**drie-ster**	[dri-stər]

| de cinco estrellas | vyf-ster | [fajf-stər] |
| hospedarse (vr) | oornag | [oərnaχ] |

habitación (f)	kamer	[kamər]
habitación (f) individual	enkelkamer	[ɛnkəl·kamər]
habitación (f) doble	dubbelkamer	[dubbəl·kamər]

| media pensión (f) | met aandete, bed en ontbyt | [met āndetə], [bet en ontbajt] |
| pensión (f) completa | volle losies | [follə losis] |

con baño	met bad	[met bat]
con ducha	met stortbad	[met stort·bat]
televisión (f) satélite	satelliet-TV	[satɛllit-te·fe]
climatizador (m)	lugversorger	[luχfersorχər]
toalla (f)	handdoek	[handduk]
llave (f)	sleutel	[sløətəl]

administrador (m)	bestuurder	[bestɪrdər]
camarera (f)	kamermeisie	[kamər·mæjsi]
maletero (m)	hoteljoggie	[hotel·joχi]
portero (m)	portier	[portir]

restaurante (m)	restaurant	[restɔurant]
bar (m)	kroeg	[kruχ]
desayuno (m)	ontbyt	[ontbajt]
cena (f)	aandete	[āndetə]
buffet (m) libre	buffetete	[buffetetə]

| vestíbulo (m) | voorportaal | [foər·portāl] |
| ascensor (m) | hysbak | [hajsbak] |

| NO MOLESTAR | **MOENIE STEUR NIE** | [muni støər ni] |
| PROHIBIDO FUMAR | **ROOK VERBODE** | [roək ferbodə] |

22. El turismo. La excursión

monumento (m)	monument	[monument]
fortaleza (f)	fort	[fort]
palacio (m)	paleis	[palæjs]
castillo (m)	kasteel	[kasteəl]
torre (f)	toring	[toriŋ]
mausoleo (m)	mausoleum	[mɔusoløəm]

arquitectura (f)	argitektuur	[arχitektɪr]
medieval (adj)	**Middeleeus**	[middeliʋs]
antiguo (adj)	oud	[æʋt]
nacional (adj)	nasionaal	[naʃonāl]
conocido (adj)	bekend	[bekent]

turista (m)	toeris	[turis]
guía (m) (persona)	gids	[χids]
excursión (f)	uitstappie	[œitstappi]
mostrar (vt)	wys	[vajs]
contar (una historia)	vertel	[fertəl]

encontrar (hallar)	**vind**	[fint]
perderse (vr)	**verdwaal**	[ferdwāl]
plano (m) (~ de metro)	**kaart**	[kārt]
mapa (m) (~ de la ciudad)	**kaart**	[kārt]
recuerdo (m)	**aandenking**	[āndenkiŋ]
tienda (f) de regalos	**geskenkwinkel**	[xeskɛnk·vinkəl]
hacer fotos	**fotografeer**	[fotoχrafeer]
fotografiarse (vr)	**jou portret laat maak**	[jæʊ portret lāt māk]

EL TRANSPORTE

aeropuerto (m)	**lughawe**	[luχhavə]
avión (m)	**vliegtuig**	[fliχtœiχ]
compañía (f) aérea	**lugredery**	[luχrederaj]
controlador (m) aéreo	**lugverkeersleier**	[luχ·ferkeərs·læjer]
despegue (m)	**vertrek**	[fertrek]
llegada (f)	**aankoms**	[ānkoms]
llegar (en avión)	**aankom**	[ānkom]
hora (f) de salida	**vertrektyd**	[fertrək·tajt]
hora (f) de llegada	**aankomstyd**	[ānkoms·tajt]
retrasarse (vr)	**vertraag wees**	[fertrāχ veəs]
retraso (m) de vuelo	**vlugvertraging**	[fluχ·fertraχiŋ]
pantalla (f) de información	**informasiebord**	[informasi·bort]
información (f)	**informasie**	[informasi]
anunciar (vt)	**aankondig**	[ānkondəχ]
vuelo (m)	**vlug**	[fluχ]
aduana (f)	**doeane**	[duanə]
aduanero (m)	**doeanebeampte**	[duanə·beamptə]
declaración (f) de aduana	**doeaneverklaring**	[duanə·ferklariŋ]
rellenar (vt)	**invul**	[inful]
control (m) de pasaportes	**paspoortkontrole**	[paspoərt·kontrolə]
equipaje (m)	**bagasie**	[baχasi]
equipaje (m) de mano	**handbagasie**	[hand·baχasi]
carrito (m) de equipaje	**bagasiekarretjie**	[baχasi·karrəki]
aterrizaje (m)	**landing**	[landiŋ]
pista (f) de aterrizaje	**landingsbaan**	[landiŋs·bān]
aterrizar (vi)	**land**	[lant]
escaleras (f pl) (de avión)	**vliegtuigtrap**	[fliχtœiχ·trap]
facturación (f) (check-in)	**na die vertrektoonbank**	[na di fertrək·toənbank]
mostrador (m) de facturación	**vertrektoonbank**	[fertrək·toənbank]
hacer el check-in	**na die vertrektoonbank gaan**	[na di fertrək·toənbank χān]
tarjeta (f) de embarque	**instapkaart**	[instap·kārt]
puerta (f) de embarque	**vertrekuitgang**	[fertrek·œitχaŋ]
tránsito (m)	**transito**	[traŋsito]
esperar (aguardar)	**wag**	[vaχ]
zona (f) de preembarque	**vertreksaal**	[fertrək·sāl]

| despedir (vt) | afsien | [afsin] |
| despedirse (vr) | afskeid neem | [afskæjt neəm] |

24. El avión

avión (m)	vliegtuig	[fliχtœiχ]
billete (m) de avión	lugkaartjie	[luχ·kãrki]
compañía (f) aérea	lugredery	[luχrederəj]
aeropuerto (m)	lughawe	[luχhavə]
supersónico (adj)	supersonies	[supersonis]

comandante (m)	kaptein	[kaptæjn]
tripulación (f)	bemanning	[bemanniŋ]
piloto (m)	piloot	[piloət]
azafata (f)	lugwaardin	[luχ·wãrdin]
navegador (m)	navigator	[nafiχator]

alas (f pl)	vlerke	[flerkə]
cola (f)	stert	[stert]
cabina (f)	stuurkajuit	[stɪr·kajœit]
motor (m)	enjin	[ɛndʒin]
tren (m) de aterrizaje	landingstel	[landiŋ·stəl]
turbina (f)	turbine	[turbinə]
hélice (f)	skroef	[skruf]
caja (f) negra	swart boks	[swart boks]
timón (m)	stuurstang	[stɪr·staŋ]
combustible (m)	brandstof	[brantstof]

instructivo (m) de seguridad	veiligheidskaart	[fæjliχæjts·kãrt]
respirador (m) de oxígeno	suurstofmasker	[sɪrstof·maskər]
uniforme (m)	uniform	[uniform]
chaleco (m) salvavidas	reddingsbaadjie	[rɛddiŋs·bãdʒi]
paracaídas (m)	valskerm	[fal·skerm]
despegue (m)	opstyging	[opstajχiŋ]
despegar (vi)	opstyg	[opstajχ]
pista (f) de despegue	landingsbaan	[landiŋs·bãn]

visibilidad (f)	uitsig	[œitsəχ]
vuelo (m)	vlug	[fluχ]
altura (f)	hoogte	[hoəχtə]
pozo (m) de aire	lugsak	[luχsak]

asiento (m)	sitplek	[sitplek]
auriculares (m pl)	koptelefoon	[kop·telefoən]
mesita (f) plegable	voutafeltjie	[fæʊ·tafɛlki]
ventana (f)	vliegtuigvenster	[fliχtœiχ·fɛŋstər]
pasillo (m)	paadjie	[pãdʒi]

25. El tren

| tren (m) | trein | [træjn] |
| tren (m) de cercanías | voorstedelike trein | [foərstedelikə træjn] |

tren (m) rápido	**sneltrein**	[snɛl·træjn]
locomotora (f) diésel	**diesellokomotief**	[disəl·lokomotif]
tren (m) de vapor	**stoomlokomotief**	[stoəm·lokomotif]

coche (m)	**passasierswa**	[passasirs·wa]
coche (m) restaurante	**eetwa**	[eət·wa]

rieles (m pl)	**spoorstawe**	[spoər·stavə]
ferrocarril (m)	**spoorweg**	[spoər·weχ]
traviesa (f)	**dwarslêer**	[dwarslɛər]

plataforma (f)	**perron**	[perron]
vía (f)	**spoor**	[spoər]
semáforo (m)	**semafoor**	[semafoər]
estación (f)	**stasie**	[stasi]
maquinista (m)	**treindrywer**	[træjn·drajvər]
maletero (m)	**portier**	[portir]
mozo (m) del vagón	**kondukteur**	[konduktøər]
pasajero (m)	**passasier**	[passasir]
revisor (m)	**kondukteur**	[konduktøər]

corredor (m)	**gang**	[χaŋ]
freno (m) de urgencia	**noodrem**	[noədrem]

compartimiento (m)	**kompartiment**	[kompartiment]
litera (f)	**bed**	[bet]
litera (f) de arriba	**boonste bed**	[boəŋstə bet]
litera (f) de abajo	**onderste bed**	[ondərstə bet]
ropa (f) de cama	**beddegoed**	[beddə·χut]
billete (m)	**kaartjie**	[kärki]
horario (m)	**diensrooster**	[diŋs·roəstər]
pantalla (f) de información	**informasiebord**	[informasi·bort]

partir (vi)	**vertrek**	[fertrek]
partida (f) (del tren)	**vertrek**	[fertrek]
llegar (tren)	**aankom**	[ānkom]
llegada (f)	**aankoms**	[ānkoms]

llegar en tren	**aankom per trein**	[ānkom pər træjn]
tomar el tren	**in die trein klim**	[in di træjn klim]
bajar del tren	**uit die trein klim**	[œit di træjn klim]

descarrilamiento (m)	**treinbotsing**	[træjn·botsiŋ]
descarrilarse (vr)	**ontspoor**	[ontspoər]

tren (m) de vapor	**stoomlokomotief**	[stoəm·lokomotif]
fogonero (m)	**stoker**	[stokər]
hogar (m)	**stookplek**	[stoəkplek]
carbón (m)	**steenkool**	[steən·koəl]

26. El barco

barco, buque (m)	**skip**	[skip]
navío (m)	**vaartuig**	[färtœiχ]

buque (m) de vapor	stoomboot	[stoəm·boət]
motonave (f)	rivierboot	[rifir·boət]
trasatlántico (m)	toerskip	[tur·skip]
crucero (m)	kruiser	[krœisər]
yate (m)	jag	[jaχ]
remolcador (m)	sleepboot	[sleəp·boət]
barcaza (f)	vragskuit	[fraχ·skœit]
ferry (m)	veerboot	[feər·boət]
velero (m)	seilskip	[sæjl·skip]
bergantín (m)	skoenerbrik	[skunər·brik]
rompehielos (m)	ysbreker	[ajs·brekər]
submarino (m)	duikboot	[dœik·boət]
bote (m) de remo	roeiboot	[ruiboət]
bote (m)	bootjie	[boəki]
bote (m) salvavidas	reddingsboot	[rɛddiŋs·boət]
lancha (f) motora	motorboot	[motor·boət]
capitán (m)	kaptein	[kaptæjn]
marinero (m)	seeman	[seəman]
marino (m)	matroos	[matroəs]
tripulación (f)	bemanning	[bemanniŋ]
contramaestre (m)	bootsman	[boətsman]
grumete (m)	skeepsjonge	[skeəps·joŋə]
cocinero (m) de abordo	kok	[kok]
médico (m) del buque	skeepsdokter	[skeəps doktər]
cubierta (f)	dek	[dek]
mástil (m)	mas	[mas]
vela (f)	seil	[sæjl]
bodega (f)	skeepsruim	[skeəps·rœim]
proa (f)	boeg	[buχ]
popa (f)	agterstewe	[aχtərstevə]
remo (m)	roeispaan	[ruis·pãn]
hélice (f)	skroef	[skruf]
camarote (m)	kajuit	[kajœit]
sala (f) de oficiales	offisierskajuit	[offisirs·kajœit]
sala (f) de máquinas	enjinkamer	[ɛnʤin·kamər]
puente (m) de mando	brug	[bruχ]
sala (f) de radio	radiokamer	[radio·kamər]
onda (f)	golf	[χolf]
cuaderno (m) de bitácora	logboek	[loχbuk]
anteojo (m)	verkyker	[ferkajkər]
campana (f)	bel	[bəl]
bandera (f)	vlag	[flaχ]
cabo (m) (maroma)	kabel	[kabəl]
nudo (m)	knoop	[knoəp]
pasamano (m)	dekleuning	[dek·løəniŋ]

pasarela (f)	**gangplank**	[χaŋ·plank]
ancla (f)	**anker**	[ankər]
levar ancla	**anker lig**	[ankər ləχ]
echar ancla	**anker uitgooi**	[ankər œitχoj]
cadena (f) del ancla	**ankerketting**	[ankər·kɛttiŋ]
puerto (m)	**hawe**	[havə]
embarcadero (m)	**kaai**	[kãi]
amarrar (vt)	**vasmeer**	[fasmeər]
desamarrar (vt)	**vertrek**	[fertrek]
viaje (m)	**reis**	[ræjs]
crucero (m) (viaje)	**cruise**	[kru:s]
derrota (f) (rumbo)	**koers**	[kurs]
itinerario (m)	**roete**	[rutə]
canal (m) navegable	**vaarwater**	[fãr·vatər]
bajío (m)	**sandbank**	[sand·bank]
encallar (vi)	**strand**	[strant]
tempestad (f)	**storm**	[storm]
señal (f)	**sienjaal**	[sinjãl]
hundirse (vr)	**sink**	[sink]
¡Hombre al agua!	**Man oorboord!**	[man oərboərd!]
SOS	**SOS**	[sos]
aro (m) salvavidas	**reddingsboei**	[rɛddiŋs·bui]

LA CIUDAD

27. El transporte urbano

autobús (m)	bus	[bus]
tranvía (m)	trem	[trem]
trolebús (m)	trembus	[trembus]
itinerario (m)	busroete	[bus·rutə]
número (m)	nommer	[nommər]
ir en ...	ry per ...	[raj pər ...]
tomar (~ el autobús)	inklim	[inklim]
bajar (~ del tren)	uitklim ...	[œitklim ...]
parada (f)	halte	[haltə]
próxima parada (f)	volgende halte	[folχendə haltə]
parada (f) final	eindpunt	[æjnd·punt]
horario (m)	diensrooster	[diŋs·roəstər]
esperar (aguardar)	wag	[vaχ]
billete (m)	kaartjie	[kārki]
precio (m) del billete	reistarief	[ræjs·tarif]
cajero (m)	kaartjleverkoper	[kārki ferkopor]
control (m) de billetes	kaartjiekontrole	[kārki·kontrolə]
revisor (m)	kontroleur	[kontroløər]
llegar tarde (vi)	laat wees	[lāt veəs]
perder (~ el tren)	mis	[mis]
tener prisa	haastig wees	[hāstəχ veəs]
taxi (m)	taxi	[taksi]
taxista (m)	taxibestuurder	[taksi·bestɪrdər]
en taxi	per taxi	[pər taksi]
parada (f) de taxi	taxistaanplek	[taksi·stānplek]
tráfico (m)	verkeer	[ferkeər]
atasco (m)	verkeersknoop	[ferkeərs·knoəp]
horas (f pl) de punta	spitsuur	[spits·ɪr]
aparcar (vi)	parkeer	[parkeər]
aparcar (vt)	parkeer	[parkeər]
aparcamiento (m)	parkeerterrein	[parkeər·terræjn]
metro (m)	metro	[metro]
estación (f)	stasie	[stasi]
ir en el metro	die metro vat	[di metro fat]
tren (m)	trein	[træjn]
estación (f)	treinstasie	[træjn·stasi]

28. La ciudad. La vida en la ciudad

ciudad (f)	stad	[stat]
capital (f)	hoofstad	[hoəf·stat]
aldea (f)	dorp	[dorp]
plano (m) de la ciudad	stadskaart	[stats·kārt]
centro (m) de la ciudad	sentrum	[sentrum]
suburbio (m)	voorstad	[foərstat]
suburbano (adj)	voorstedelik	[foərstedelik]
arrabal (m)	buitewyke	[bœitəvajkə]
afueras (f pl)	omgewing	[omχeviŋ]
barrio (m)	stadswyk	[stats·wajk]
zona (f) de viviendas	woonbuurt	[voənbɪrt]
tráfico (m)	verkeer	[ferkeər]
semáforo (m)	robot	[robot]
transporte (m) urbano	openbare vervoer	[openbarə ferfur]
cruce (m)	kruispunt	[krœis·punt]
paso (m) de peatones	sebraoorgang	[sebra·oərχaŋ]
paso (m) subterráneo	voetgangertonnel	[futχaŋər·tonnəl]
cruzar (vt)	oorsteek	[oərsteək]
peatón (m)	voetganger	[futχaŋər]
acera (f)	sypaadjie	[saj·pādʒi]
puente (m)	brug	[bruχ]
muelle (m)	wal	[val]
fuente (f)	fontein	[fontæjn]
alameda (f)	laning	[laniŋ]
parque (m)	park	[park]
bulevar (m)	boulevard	[bulefar]
plaza (f)	plein	[plæjn]
avenida (f)	laan	[lān]
calle (f)	straat	[strāt]
callejón (m)	systraat	[saj·strāt]
callejón (m) sin salida	doodloopstraat	[doədloəp·strāt]
casa (f)	huis	[hœis]
edificio (m)	gebou	[χebæʋ]
rascacielos (m)	wolkekrabber	[volkə·krabbər]
fachada (f)	gewel	[χevəl]
techo (m)	dak	[dak]
ventana (f)	venster	[fɛŋstər]
arco (m)	arkade	[arkadə]
columna (f)	kolom	[kolom]
esquina (f)	hoek	[huk]
escaparate (f)	uitstalraam	[œitstalrām]
letrero (m) (~ luminoso)	reklamebord	[reklamə·bort]
cartel (m)	plakkaat	[plakkāt]
cartel (m) publicitario	reklameplakkaat	[reklamə·plakkāt]

valla (f) publicitaria	aanplakbord	[ānplakbort]
basura (f)	vullis	[fullis]
cajón (m) de basura	vullisbak	[fullis·bak]
tirar basura	rommel strooi	[rommɘl stroj]
basurero (m)	vullishoop	[fullis·hoɘp]

cabina (f) telefónica	telefoonhokkie	[telefoɘn·hokki]
farola (f)	lamppaal	[lamp·pāl]
banco (m) (del parque)	bank	[bank]

policía (m)	polisieman	[polisi·man]
policía (f) (~ nacional)	polisie	[polisi]
mendigo (m)	bedelaar	[bedelār]
persona (f) sin hogar	daklose	[daklosɘ]

29. Las instituciones urbanas

tienda (f)	winkel	[vinkɘl]
farmacia (f)	apteek	[apteɘk]
óptica (f)	optisiën	[optisiɛn]
centro (m) comercial	winkelsentrum	[vinkɘl·sentrum]
supermercado (m)	supermark	[supermark]

panadería (f)	bakkery	[bakkeraj]
panadero (m)	bakker	[bakkɘr]
pastelería (f)	banketbakkery	[banket·bakkeraj]
tienda (f) de comestibles	kruidenierswinkel	[krœidenirs·vinkɘl]
carnicería (f)	slagter	[slaχtor]

| verdulería (f) | groentewinkel | [χruntɘ·vinkɘl] |
| mercado (m) | mark | [mark] |

cafetería (f)	koffiekroeg	[koffi·kruχ]
restaurante (m)	restaurant	[restɔurant]
cervecería (f)	kroeg	[kruχ]
pizzería (f)	pizzeria	[pizzeria]

peluquería (f)	haarsalon	[hār·salon]
oficina (f) de correos	poskantoor	[pos·kantoɘr]
tintorería (f)	droogskoonmakers	[droɘχ·skoɘn·makers]
estudio (m) fotográfico	fotostudio	[foto·studio]

zapatería (f)	skoenwinkel	[skun·vinkɘl]
librería (f)	boekhandel	[buk·handɘl]
tienda (f) deportiva	sportwinkel	[sport·vinkɘl]

arreglos (m pl) de ropa	klereherstelwinkel	[klerɘ·herstɘl·vinkɘl]
alquiler (m) de ropa	klereverhuurwinkel	[klerɘ·ferhɪr·vinkɘl]
videoclub (m)	videowinkel	[video·vinkɘl]

circo (m)	sirkus	[sirkus]
zoológico (m)	dieretuin	[dirɘ·tœin]
cine (m)	bioskoop	[bioskoɘp]
museo (m)	museum	[musøɘm]

biblioteca (f)	biblioteek	[biblioteǝk]
teatro (m)	teater	[teatǝr]
ópera (f)	opera	[opera]
club (m) nocturno	nagklub	[naχ·klup]
casino (m)	kasino	[kasino]

mezquita (f)	moskee	[moskeǝ]
sinagoga (f)	sinagoge	[sinaχoχǝ]
catedral (f)	katedraal	[katedrāl]
templo (m)	tempel	[tempǝl]
iglesia (f)	kerk	[kerk]

instituto (m)	kollege	[kolledʒ]
universidad (f)	universiteit	[unifersitæjt]
escuela (f)	skool	[skoǝl]

prefectura (f)	stadhuis	[stat·hœis]
alcaldía (f)	stadhuis	[stat·hœis]
hotel (m)	hotel	[hotǝl]
banco (m)	bank	[bank]

embajada (f)	ambassade	[ambassadǝ]
agencia (f) de viajes	reisagentskap	[ræjs·aχentskap]
oficina (f) de información	inligtingskantoor	[inliχtiŋs·kantoǝr]
oficina (f) de cambio	wisselkantoor	[vissǝl·kantoǝr]

metro (m)	metro	[metro]
hospital (m)	hospitaal	[hospitāl]

gasolinera (f)	petrolstasie	[petrol·stasi]
aparcamiento (m)	parkeerterrein	[parkeǝr·terræjn]

30. Los avisos

letrero (m) (~ luminoso)	reklamebord	[reklamǝ·bort]
cartel (m) (texto escrito)	kennisgewing	[kɛnnis·χeviŋ]
pancarta (f)	plakkaat	[plakkāt]
señal (m) de dirección	rigtingwyser	[riχtiŋ·wajsǝr]
flecha (f) (signo)	pyl	[pajl]

advertencia (f)	waarskuwing	[vārskuviŋ]
aviso (m)	waarskuwingsbord	[vārskuviŋs·bort]
advertir (vt)	waarsku	[vārsku]

día (m) de descanso	rusdag	[rusdaχ]
horario (m)	diensrooster	[diŋs·roǝstǝr]
horario (m) de apertura	besigheidsure	[besiχæjts·urǝ]

¡BIENVENIDOS!	WELKOM!	[vɛlkom!]
ENTRADA	INGANG	[inχaŋ]
SALIDA	UITGANG	[œitχaŋ]

EMPUJAR	STOOT	[stoǝt]
TIRAR	TREK	[trek]

| ABIERTO | OOP | [oəp] |
| CERRADO | GESLUIT | [χeslœit] |

| MUJERES | DAMES | [dames] |
| HOMBRES | MANS | [maŋs] |

REBAJAS	AFSLAG	[afslaχ]
SALDOS	UITVERKOPING	[œitferkopiŋ]
NOVEDAD	NUUT!	[nɪt!]
GRATIS	GRATIS	[χratis]

¡ATENCIÓN!	PAS OP!	[pas op!]
COMPLETO	VOLBESPREEK	[folbespreək]
RESERVADO	BESPREEK	[bespreək]

ADMINISTRACIÓN	ADMINISTRASIE	[administrasi]
SÓLO PERSONAL	SLEGS PERSONEEL	[sleχs personeəl]
AUTORIZADO		

CUIDADO CON EL PERRO	PAS OP VIR DIE HOND!	[pas op fir di hont!]
PROHIBIDO FUMAR	ROOK VERBODE	[roək ferbodə]
NO TOCAR	NIE AANRAAK NIE!	[ni ānrāk ni!]

PELIGROSO	GEVAARLIK	[χefārlik]
PELIGRO	GEVAAR	[χefār]
ALTA TENSIÓN	HOOGSPANNING	[hoəχ·spanniŋ]
PROHIBIDO BAÑARSE	NIE SWEM NIE	[ni swem ni]
NO FUNCIONA	BUITE WERKING	[bœite verkiŋ]

INFLAMABLE	ONTVLAMBAAR	[ontflambār]
PROHIBIDO	VERBODE	[ferbodə]
PROHIBIDO EL PASO	TOEGANG VERBODE!	[tuχaŋ ferbode!]
RECIÉN PINTADO	NAT VERF	[nat ferf]

31. Las compras

comprar (vt)	koop	[koəp]
compra (f)	aankoop	[ānkoəp]
hacer compras	inkopies doen	[inkopis dun]
compras (f pl)	inkoop	[inkoəp]

| estar abierto (tienda) | oop wees | [oəp veəs] |
| estar cerrado | toe wees | [tu veəs] |

calzado (m)	skoeisel	[skuisəl]
ropa (f)	klere	[klerə]
cosméticos (m pl)	kosmetika	[kosmetika]
productos alimenticios	voedingsware	[fudiŋs·warə]
regalo (m)	present	[present]

vendedor (m)	verkoper	[ferkopər]
vendedora (f)	verkoopsdame	[ferkoəps·damə]
caja (f)	kassier	[kassir]
espejo (m)	spieël	[spiɛl]

mostrador (m)	**toonbank**	[toən·bank]
probador (m)	**paskamer**	[pas·kamər]
probar (un vestido)	**aanpas**	[ãnpas]
quedar (una ropa, etc.)	**pas**	[pas]
gustar (vi)	**hou van**	[hæʊ fan]
precio (m)	**prys**	[ɲrɑjs]
etiqueta (f) de precio	**pryskaartjie**	[prajs·kārki]
costar (vt)	**kos**	[kos]
¿Cuánto?	**Hoeveel?**	[hufeəl?]
descuento (m)	**afslag**	[afslaχ]
no costoso (adj)	**billik**	[billik]
barato (adj)	**goedkoop**	[χudkoəp]
caro (adj)	**duur**	[dɪr]
Es caro	**dis duur**	[dis dɪr]
alquiler (m)	**verhuur**	[ferhɪr]
alquilar (vt)	**verhuur**	[ferhɪr]
crédito (m)	**krediet**	[kredit]
a crédito (adv)	**op krediet**	[op kredit]

LA ROPA Y LOS ACCESORIOS

32. La ropa exterior. Los abrigos

ropa (f)	klere	[klerə]
ropa (f) de calle	oorklere	[oərklerə]
ropa (f) de invierno	winterklere	[vintər·klerə]
abrigo (m)	jas	[jas]
abrigo (m) de piel	pelsjas	[pelʃas]
abrigo (m) corto de piel	kort pelsjas	[kort pelʃas]
chaqueta (f) plumón	donsjas	[donʃas]
cazadora (f)	baadjie	[bādʒi]
impermeable (m)	reënjas	[reɛnjas]
impermeable (adj)	waterdig	[vatərdəχ]

33. Ropa de hombre y mujer

camisa (f)	hemp	[hemp]
pantalones (m pl)	broek	[bruk]
jeans, vaqueros (m pl)	denimbroek	[denim·bruk]
chaqueta (f), saco (m)	baadjie	[bādʒi]
traje (m)	pak	[pak]
vestido (m)	rok	[rok]
falda (f)	romp	[romp]
blusa (f)	bloes	[blus]
rebeca (f), chaqueta (f) de punto	gebreide baadjie	[χebræjdə bādʒi]
chaqueta (f)	baadjie	[bādʒi]
camiseta (f) (T-shirt)	T-hemp	[te-hemp]
pantalones (m pl) cortos	kortbroek	[kort·bruk]
traje (m) deportivo	sweetpak	[sweet·pak]
bata (f) de baño	badjas	[batjas]
pijama (m)	pajama	[pajama]
suéter (m)	trui	[trœi]
pulóver (m)	trui	[trœi]
chaleco (m)	onderbaadjie	[ondər·bādʒi]
frac (m)	swaelstertbaadjie	[swaɛlstert·bādʒi]
esmoquin (m)	aandpak	[āntpak]
uniforme (m)	uniform	[uniform]
ropa (f) de trabajo	werksklere	[verks·klerə]
mono (m)	oorpak	[oərpak]
bata (f) (p. ej. ~ blanca)	jas	[jas]

34. La ropa. La ropa interior

ropa (f) interior	onderklere	[ondərklerə]
bóxer (m)	onderbroek	[ondərbruk]
bragas (f pl)	onderbroek	[ondərbruk]
camiseta (f) interior	frokkie	[frokki]
calcetines (m pl)	sokkies	[sokkis]
camisón (m)	nagrok	[naχrok]
sostén (m)	bra	[bra]
calcetines (m pl) altos	kniekouse	[kni·kæʊsə]
pantimedias (f pl)	kousbroek	[kæʊsbruk]
medias (f pl)	kouse	[kæʊsə]
traje (m) de baño	baaikostuum	[bãj·kostɪm]

35. Gorras

gorro (m)	hoed	[hut]
sombrero (m) de fieltro	hoed	[hut]
gorra (f) de béisbol	bofbalpet	[bofbal·pet]
gorra (f) plana	pet	[pet]
boina (f)	mus	[mus]
capuchón (m)	kap	[kap]
panamá (m)	panamahoed	[panama·hut]
gorro (m) de punto	gebreide mus	[χebræjdə mus]
pañuelo (m)	kopdoek	[kopduk]
sombrero (m) de mujer	dameshoed	[dames·hut]
casco (m) (~ protector)	veiligheidshelm	[fæjliχæjts·hɛlm]
gorro (m) de campaña	mus	[mus]
casco (m) (~ de moto)	helmet	[hɛlmet]
bombín (m)	bolhoed	[bolhut]
sombrero (m) de copa	hoëhoed	[hoɛhut]

36. El calzado

calzado (m)	skoeisel	[skuisəl]
botas (f pl)	mansskoene	[maŋs·skunə]
zapatos (m pl) (~ de tacón bajo)	damesskoene	[dames·skunə]
botas (f pl) altas	laarse	[lãrsə]
zapatillas (f pl)	pantoffels	[pantoffəls]
tenis (m pl)	tennisskoene	[tɛnnis·skunə]
zapatillas (f pl) de lona	tekkies	[tɛkkis]
sandalias (f pl)	sandale	[sandalə]
zapatero (m)	skoenmaker	[skun·makər]
tacón (m)	hak	[hak]

par (m)	paar	[pãr]
cordón (m)	skoenveter	[skun·fetər]
encordonar (vt)	ryg	[rajχ]
calzador (m)	skoenlepel	[skun·lepəl]
betún (m)	skoenpolitoer	[skun·politur]

37. Accesorios personales

guantes (m pl)	handskoene	[handskunə]
manoplas (f pl)	duimhandskoene	[dœim·handskunə]
bufanda (f)	serp	[serp]

gafas (f pl)	bril	[bril]
montura (f)	raam	[rãm]
paraguas (m)	sambreel	[sambreəl]
bastón (m)	wandelstok	[vandəl·stok]
cepillo (m) de pelo	haarborsel	[hãr·borsəl]
abanico (m)	waaier	[vãjer]

corbata (f)	das	[das]
pajarita (f)	strikkie	[strikki]
tirantes (m pl)	kruisbande	[krœis·bandə]
moquero (m)	sakdoek	[sakduk]

peine (m)	kam	[kam]
pasador (m) de pelo	haarspeld	[hãrs·pɛlt]
horquilla (f)	haarpen	[hãr·pen]
hebilla (f)	gespe	[χeɜpə]

cinturón (m)	belt	[bɛlt]
correa (f) (de bolso)	skouerband	[skæʋer·bant]

bolsa (f)	handsak	[hand·sak]
bolso (m)	beursie	[bøərsi]
mochila (f)	rugsak	[ruχsak]

38. La ropa. Miscelánea

moda (f)	mode	[modə]
de moda (adj)	in die mode	[in di modə]
diseñador (m) de moda	modeontwerper	[modə·ontwerpər]

cuello (m)	kraag	[krãχ]
bolsillo (m)	sak	[sak]
de bolsillo (adj)	sak-	[sak-]
manga (f)	mou	[mæʋ]
presilla (f)	lussie	[lussi]
bragueta (f)	gulp	[χulp]

cremallera (f)	ritssluiter	[rits·slœiter]
cierre (m)	vasmaker	[fasmakər]
botón (m)	knoop	[knoəp]

| ojal (m) | knoopsgat | [knoəps·χat] |
| saltar (un botón) | loskom | [loskom] |

coser (vi, vt)	naai	[nãi]
bordar (vt)	borduur	[bordɪr]
bordado (m)	borduurwerk	[bordɪr·werk]
aguja (f)	naald	[nãlt]
hilo (m)	garing	[χariŋ]
costura (f)	soom	[soəm]

ensuciarse (vr)	vuil word	[fœil vort]
mancha (f)	vlek	[flek]
arrugarse (vr)	kreukel	[krøəkəl]
rasgar (vt)	skeur	[skøər]
polilla (f)	mot	[mot]

39. Productos personales. Cosméticos

pasta (f) de dientes	tandepasta	[tandə·pasta]
cepillo (m) de dientes	tandeborsel	[tandə·borsəl]
limpiarse los dientes	tande borsel	[tandə borsəl]

maquinilla (f) de afeitar	skeermes	[skeər·mes]
crema (f) de afeitar	skeerroom	[skeər·roəm]
afeitarse (vr)	skeer	[skeər]

| jabón (m) | seep | [seəp] |
| champú (m) | sjampoe | [ʃampu] |

tijeras (f pl)	skêr	[skær]
lima (f) de uñas	naelvyl	[naɛl·fajl]
cortaúñas (m pl)	naelknipper	[naɛl·knippər]
pinzas (f pl)	haartangetjie	[hãrtaŋəki]

cosméticos (m pl)	kosmetika	[kosmetika]
mascarilla (f)	gesigmasker	[χesiχ·maskər]
manicura (f)	manikuur	[manikɪr]
hacer la manicura	laat manikuur	[lãt manikɪr]
pedicura (f)	voetbehandeling	[fut·behandeliŋ]

bolsa (f) de maquillaje	kosmetika tassie	[kosmetika tassi]
polvos (m pl)	gesigpoeier	[χesiχ·pujer]
polvera (f)	poeierdosie	[pujer·dosi]
colorete (m), rubor (m)	blosser	[blossər]

perfume (m)	parfuum	[parfɪm]
agua (f) de tocador	reukwater	[røək·vatər]
loción (f)	vloeiroom	[flui·roəm]
agua (f) de Colonia	reukwater	[røək·vatər]

sombra (f) de ojos	oogskadu	[oəχ·skadu]
lápiz (m) de ojos	oogomlyner	[oəχ·omlajnər]
rímel (m)	maskara	[maskara]
pintalabios (m)	lipstiffie	[lip·stiffi]

esmalte (m) de uñas	naellak	[naɛl·lak]
fijador (m) para el pelo	haarsproei	[hārs·prui]
desodorante (m)	reukweermiddel	[røøk·veərmiddəl]

crema (f)	room	[roəm]
crema (f) de belleza	gesigroom	[xesiχ·roəm]
crema (f) de manos	handroom	[hand·roəm]
crema (f) antiarrugas	antirimpelroom	[antirimpəl·roəm]
crema (f) de día	dagroom	[daχ·roəm]
crema (f) de noche	nagroom	[naχ·roəm]
de día (adj)	dag-	[daχ-]
de noche (adj)	nag-	[naχ-]

tampón (m)	tampon	[tampon]
papel (m) higiénico	toiletpapier	[tojlet·papir]
secador (m) de pelo	haardroër	[hār·droɛr]

40. Los relojes

reloj (m)	polshorlosie	[pols·horlosi]
esfera (f)	wyserplaat	[vajsər·plāt]
aguja (f)	wyster	[vajstər]
pulsera (f)	metaal horlosiebandjie	[metāl horlosi·bandʒi]
correa (f) (del reloj)	horlosiebandjie	[horlosi·bandʒi]

pila (f)	battery	[battəraj]
descargarse (vr)	pap wees	[pap veəs]
adelantarse (vr)	voorloop	[foərloəp]
retrasarse (vr)	agterloop	[aχtərloəp]

reloj (m) de pared	muurhorlosie	[mɪr·horlosi]
reloj (m) de arena	uurglas	[ɪr·χlas]
reloj (m) de sol	sonwyser	[son·wajsər]
despertador (m)	wekker	[vɛkkər]
relojero (m)	horlosiemaker	[horlosi·makər]
reparar (vt)	herstel	[herstəl]

LA EXPERIENCIA DIARIA

41. El dinero

dinero (m)	geld	[χɛlt]
cambio (m)	valutaruil	[faluta·rœil]
curso (m)	wisselkoers	[vissəl·kurs]
cajero (m) automático	OTM	[o·te·em]
moneda (f)	muntstuk	[muntstuk]
dólar (m)	dollar	[dollar]
euro (m)	euro	[øəro]
lira (f)	lira	[lira]
marco (m) alemán	Duitse mark	[dœitsə mark]
franco (m)	frank	[frank]
libra esterlina (f)	pond sterling	[pont sterliŋ]
yen (m)	yen	[jɛn]
deuda (f)	skuld	[skult]
deudor (m)	skuldenaar	[skuldenãr]
prestar (vt)	uitleen	[œitleən]
tomar prestado	leen	[leən]
banco (m)	bank	[bank]
cuenta (f)	rekening	[rekəniŋ]
ingresar (~ en la cuenta)	deponeer	[deponeər]
sacar de la cuenta	trek	[trek]
tarjeta (f) de crédito	kredietkaart	[kredit·kãrt]
dinero (m) en efectivo	kontant	[kontant]
cheque (m)	tjek	[t͡ʃek]
talonario (m)	tjekboek	[t͡ʃek·buk]
cartera (f)	beursie	[bøərsi]
monedero (m)	muntstukbeursie	[muntstuk·bøərsi]
caja (f) fuerte	brandkas	[brant·kas]
heredero (m)	erfgenaam	[ɛrfχənãm]
herencia (f)	erfenis	[ɛrfenis]
fortuna (f)	fortuin	[fortœin]
arriendo (m)	huur	[hɪr]
alquiler (m) (dinero)	huur	[hɪr]
alquilar (~ una casa)	huur	[hɪr]
precio (m)	prys	[prajs]
coste (m)	prys	[prajs]
suma (f)	som	[som]
gastar (vt)	spandeer	[spandeər]

gastos (m pl)	onkoste	[onkostə]
economizar (vi, vt)	besuinig	[besœinəx]
económico (adj)	ekonomies	[ɛkonomis]

pagar (vi, vt)	betaal	[betãl]
pago (m)	betaling	[betaliŋ]
cambio (m) (devolver el ~)	wisselgeld	[vissəl·xɛlt]

impuesto (m)	belasting	[belastiŋ]
multa (f)	boete	[butə]
multar (vt)	beboet	[bebut]

42. La oficina de correos

oficina (f) de correos	poskantoor	[pos·kantoər]
correo (m) (cartas, etc.)	pos	[pos]
cartero (m)	posbode	[pos·bodə]
horario (m) de apertura	besigheidsure	[besixæjts·urə]

carta (f)	brief	[brif]
carta (f) certificada	geregistreerde brief	[xerexistreərdə brif]
tarjeta (f) postal	poskaart	[pos·kãrt]
telegrama (m)	telegram	[telexram]
paquete (m) postal	pakkie	[pakki]
giro (m) postal	geldoorplasing	[xɛld·oərplasiŋ]

recibir (vt)	ontvang	[ontfaŋ]
enviar (vt)	stuur	[əttr]
envío (m)	versending	[fersendiŋ]

dirección (f)	adres	[adres]
código (m) postal	poskode	[pos·kodə]
expedidor (m)	sender	[sendər]
destinatario (m)	ontvanger	[ontfaŋər]

nombre (m)	voornaam	[foərnãm]
apellido (m)	van	[fan]

tarifa (f)	postarief	[pos·tarif]
ordinario (adj)	standaard	[standãrt]
económico (adj)	ekonomies	[ɛkonomis]

peso (m)	gewig	[xevəx]
pesar (~ una carta)	weeg	[veəx]
sobre (m)	koevert	[kufert]
sello (m)	posseël	[pos·seɛl]

43. La banca

banco (m)	bank	[bank]
sucursal (f)	tak	[tak]
consultor (m)	bankklerk	[bank·klerk]

gerente (m)	bestuurder	[bestɪrdər]
cuenta (f)	bankrekening	[bank·rekəniŋ]
numero (m) de la cuenta	rekeningnommer	[rekəniŋ·nommər]
cuenta (f) corriente	tjekrekening	[ʧek·rekəniŋ]
cuenta (f) de ahorros	spaarrekening	[spãr·rekəniŋ]

| cerrar la cuenta | die rekening sluit | [di rekəniŋ slœit] |
| sacar de la cuenta | trek | [trɑk] |

depósito (m)	deposito	[deposito]
giro (m) bancario	telegrafiese oorplasing	[teleχrafisə oərplasiŋ]
hacer un giro	oorplaas	[oərplãs]

| suma (f) | som | [som] |
| ¿Cuánto? | Hoeveel? | [hufeəl?] |

| firma (f) (nombre) | handtekening | [hand·tekəniŋ] |
| firmar (vt) | onderteken | [ondərtekən] |

tarjeta (f) de crédito	kredietkaart	[kredit·kãrt]
código (m)	kode	[kodə]
número (m) de tarjeta de crédito	kredietkaartnommer	[kredit·kãrt·nommər]
cajero (m) automático	OTM	[o·te·em]

| cheque (m) | tjek | [ʧek] |
| talonario (m) | tjekboek | [ʧek·buk] |

| crédito (m) | lening | [leniŋ] |
| garantía (f) | waarborg | [vãrborχ] |

44. El teléfono. Las conversaciones telefónicas

teléfono (m)	telefoon	[telefoən]
teléfono (m) móvil	selfoon	[sɛlfoən]
contestador (m)	antwoordmasjien	[antwoərt·maʃin]

| llamar, telefonear | bel | [bəl] |
| llamada (f) | oproep | [oprup] |

¿Sí?, ¿Dígame?	Hallo!	[hallo!]
preguntar (vt)	vra	[fra]
responder (vi, vt)	antwoord	[antwoərt]

oír (vt)	hoor	[hoər]
bien (adv)	goed	[χut]
mal (adv)	nie goed nie	[ni χut ni]
ruidos (m pl)	steurings	[støəriŋs]

auricular (m)	gehoorstuk	[χehoərstuk]
descolgar (el teléfono)	optel	[optəl]
colgar el auricular	afskakel	[afskakəl]
ocupado (adj)	besig	[besəχ]
sonar (teléfono)	lui	[lœi]

guía (f) de teléfonos	telefoongids	[telefoən·χids]
local (adj)	lokale	[lokalə]
llamada (f) local	lokale oproep	[lokalə oprup]
de larga distancia	langafstand	[lanχ·afstant]
llamada (f) de larga distancia	langafstand oproep	[lanχ·afstant oprup]
internacional (adj)	internasionale	[internaʃionalə]
llamada (f) internacional	internasionale oproep	[internaʃionalə oprup]

45. El teléfono celular

teléfono (m) móvil	selfoon	[sɛlfoən]
pantalla (f)	skerm	[skerm]
botón (m)	knoppie	[knoppi]
tarjeta SIM (f)	SIMkaart	[sim·kãrt]
pila (f)	battery	[battəraj]
descargarse (vr)	pap wees	[pap veəs]
cargador (m)	batterylaaier	[battəraj·lajer]
menú (m)	spyskaart	[spajs·kãrt]
preferencias (f pl)	instellings	[instɛlliŋs]
melodía (f)	wysie	[vajsi]
seleccionar (vt)	kies	[kis]
calculadora (f)	sakrekenaar	[sakrekənãr]
contestador (m)	stempos	[stem·pos]
despertador (m)	wekker	[vɛkkər]
contactos (m pl)	kontakte	[kontaktə]
mensaje (m) de texto	SMS	[es·em·es]
abonado (m)	intekenaar	[intekənãr]

46. Los artículos de escritorio. La papelería

bolígrafo (m)	bolpen	[bol·pen]
pluma (f) estilográfica	vulpen	[ful·pen]
lápiz (m)	potlood	[potloət]
marcador (m)	merkpen	[merk·pen]
rotulador (m)	viltpen	[filt·pen]
bloc (m) de notas	notaboekie	[nota·buki]
agenda (f)	dagboek	[daχ·buk]
regla (f)	liniaal	[liniãl]
calculadora (f)	sakrekenaar	[sakrekənãr]
goma (f) de borrar	uitveër	[œitfeɛr]
chincheta (f)	duimspyker	[dœim·spajkər]
clip (m)	skuifspeld	[skœif·spɛlt]
cola (f), pegamento (m)	gom	[χom]
grapadora (f)	krammasjien	[kram·maʃin]

| perforador (m) | ponsmasjien | [pɔŋs·maʃin] |
| sacapuntas (m) | skerpmaker | [skerp·makər] |

47. Los idiomas extranjeros

lengua (f)	taal	[tãl]
extranjero (adj)	vreemd	[freəmt]
lengua (f) extranjera	vreemde taal	[freəmdə tãl]
estudiar (vt)	studeer	[studeər]
aprender (ingles, etc.)	leer	[leər]

leer (vi, vt)	lees	[leəs]
hablar (vi, vt)	praat	[prãt]
comprender (vt)	verstaan	[ferstãn]
escribir (vt)	skryf	[skrajf]

rápidamente (adv)	vinnig	[finnəχ]
lentamente (adv)	stadig	[stadəχ]
con fluidez (adv)	vlot	[flot]

reglas (f pl)	reëls	[reɛls]
gramática (f)	grammatika	[χrammatika]
vocabulario (m)	woordeskat	[voərdeskat]
fonética (f)	fonetika	[fonetika]

manual (m)	handboek	[hand·buk]
diccionario (m)	woordeboek	[voərdə·buk]
manual (m) autodidáctico	selfstudie boek	[sɛlfstudi buk]
guía (f) de conversación	taalgids	[tãl·χids]

casete (m)	kasset	[kasset]
videocasete (f)	videoband	[video·bant]
disco compacto, CD (m)	CD	[se·de]
DVD (m)	DVD	[de·fe·de]

alfabeto (m)	alfabet	[alfabet]
deletrear (vt)	spel	[spel]
pronunciación (f)	uitspraak	[œitsprãk]
acento (m)	aksent	[aksent]

| palabra (f) | woord | [voərt] |
| significado (m) | betekenis | [betekənis] |

cursos (m pl)	kursus	[kursus]
inscribirse (vr)	inskryf	[inskrajf]
profesor (m) (~ de inglés)	onderwyser	[ondərwajsər]

traducción (f) (proceso)	vertaling	[fertaliŋ]
traducción (f) (texto)	vertaling	[fertaliŋ]
traductor (m)	vertaler	[fertalər]
intérprete (m)	tolk	[tolk]

| políglota (m) | poliglot | [poliχlot] |
| memoria (f) | geheue | [χəhøə] |

LAS COMIDAS. EL RESTAURANTE

48. Los cubiertos

cuchara (f)	lepel	[lepəl]
cuchillo (m)	mes	[mes]
tenedor (m)	vurk	[furk]
taza (f)	koppie	[koppi]
plato (m)	bord	[bort]
platillo (m)	piering	[piriŋ]
servilleta (f)	servet	[serfət]
mondadientes (m)	tandestokkie	[tandə·stokki]

49. El restaurante

restaurante (m)	restaurant	[restɔurant]
cafetería (f)	koffiekroeg	[koffi·kruχ]
bar (m)	kroeg	[kruχ]
salón (m) de té	teekamer	[teə·kamər]
camarero (m)	kelner	[kɛlnor]
camarera (f)	kelnerin	[kɛlnərin]
barman (m)	kroegman	[kruχman]
carta (f), menú (m)	spyskaart	[spajs·kãrt]
carta (f) de vinos	wyn	[vajn]
reservar una mesa	wynkaart	[vajn·kãrt]
plato (m)	gereg	[χerəχ]
pedir (vt)	bestel	[bestəl]
hacer un pedido	bestel	[bestəl]
aperitivo (m)	drankie	[dranki]
entremés (m)	voorgereg	[foərχerəχ]
postre (m)	nagereg	[naχerəχ]
cuenta (f)	rekening	[rekəniŋ]
pagar la cuenta	die rekening betaal	[di rekəniŋ betãl]
dar la vuelta	kleingeld gee	[klæjn·χɛlt χeə]
propina (f)	fooitjie	[fojki]

50. Las comidas

comida (f)	kos	[kos]
comer (vi, vt)	eet	[eət]

desayuno (m)	ontbyt	[ontbajt]
desayunar (vi)	ontbyt	[ontbajt]
almuerzo (m)	middagete	[middaχ·etə]
almorzar (vi)	gaan eet	[χān eət]
cena (f)	aandete	[āndetə]
cenar (vi)	aandete gebruik	[āndetə χebrœik]

apetito (m)	aptyt	[aptajt]
¡Que aproveche!	Smaaklike ete!	[smāklikə etə!]

abrir (vt)	oopmaak	[oəpmāk]
derramar (líquido)	mors	[mors]
derramarse (líquido)	mors	[mors]

hervir (vi)	kook	[koək]
hervir (vt)	kook	[koək]
hervido (agua ~a)	gekook	[χekoək]
enfriar (vt)	laat afkoel	[lāt afkul]
enfriarse (vr)	afkoel	[afkul]

sabor (m)	smaak	[smāk]
regusto (m)	nasmaak	[nasmāk]

adelgazar (vi)	vermaer	[fermaər]
dieta (f)	dieet	[diət]
vitamina (f)	vitamien	[fitamin]
caloría (f)	kalorie	[kalori]
vegetariano (m)	vegetariër	[feχetariɛr]
vegetariano (adj)	vegetaries	[feχetaris]

grasas (f pl)	vette	[fɛttə]
proteínas (f pl)	proteïen	[proteïen]
carbohidratos (m pl)	koolhidrate	[koəlhidratə]

loncha (f)	snytjie	[snajki]
pedazo (m)	stuk	[stuk]
miga (f)	krummel	[krumməl]

51. Los platos

plato (m)	gereg	[χerəχ]
cocina (f)	kookkuns	[koək·kuns]
receta (f)	resep	[resep]
porción (f)	porsie	[porsi]

ensalada (f)	slaai	[slāi]
sopa (f)	sop	[sop]

caldo (m)	helder sop	[hɛldər sop]
bocadillo (m)	toebroodjie	[tubroədʒi]
huevos (m pl) fritos	gabakte eiers	[χabaktə æjers]

hamburguesa (f)	hamburger	[hamburχər]
bistec (m)	biefstuk	[bifstuk]

guarnición (f)	**sygereg**	[saj·χerəχ]
espagueti (m)	**spaghetti**	[spaχɛtti]
puré (m) de patatas	**kapokaartappels**	[kapok·ārtappəls]
pizza (f)	**pizza**	[pizza]
gachas (f pl)	**pap**	[pap]
tortilla (f) francesa	**omelet**	[oməlet]
cocido en agua (adj)	**gekook**	[χekoək]
ahumado (adj)	**gerook**	[χeroək]
frito (adj)	**gebak**	[χebak]
seco (adj)	**gedroog**	[χedroəχ]
congelado (adj)	**gevries**	[χefris]
marinado (adj)	**gepiekel**	[χepikəl]
azucarado, dulce (adj)	**soet**	[sut]
salado (adj)	**sout**	[sæʊt]
frío (adj)	**koud**	[kæʊt]
caliente (adj)	**warm**	[varm]
amargo (adj)	**bitter**	[bittər]
sabroso (adj)	**smaaklik**	[smāklik]
cocer en agua	**kook in water**	[koək in vatər]
preparar (la cena)	**kook**	[koək]
freír (vt)	**braai**	[braj]
calentar (vt)	**opwarm**	[opwarm]
salar (vt)	**sout**	[sæʊt]
poner pimienta	**peper**	[pepər]
rallar (vt)	**rasp**	[rasp]
piel (f)	**skil**	[ɔkil]
pelar (vt)	**skil**	[skil]

52. La comida

carne (f)	**vleis**	[flæjs]
gallina (f)	**hoender**	[hundər]
pollo (m)	**braaikuiken**	[brāj·kœiken]
pato (m)	**eend**	[eent]
ganso (m)	**gans**	[χaŋs]
caza (f) menor	**wild**	[vilt]
pava (f)	**kalkoen**	[kalkun]
carne (f) de cerdo	**varkvleis**	[fark·flæjs]
carne (f) de ternera	**kalfsvleis**	[kalfs·flæjs]
carne (f) de carnero	**lamsvleis**	[lams·flæjs]
carne (f) de vaca	**beesvleis**	[beəs·flæjs]
conejo (m)	**konynvleis**	[konajn·flæjs]
salchichón (m)	**wors**	[vors]
salchicha (f)	**Weense worsie**	[veɛŋsə vorsi]
beicon (m)	**spek**	[spek]
jamón (m)	**ham**	[ham]
jamón (m) fresco	**gerookte ham**	[χeroəktə ham]
paté (m)	**patee**	[pateə]

hígado (m)	lewer	[levər]
carne (f) picada	maalvleis	[māl·flæjs]
lengua (f)	tong	[toŋ]

huevo (m)	eier	[æjer]
huevos (m pl)	eiers	[æjers]
clara (f)	eierwit	[æjer·wit]
yema (f)	dooier	[dojer]

pescado (m)	vis	[fis]
mariscos (m pl)	seekos	[see·kos]
crustáceos (m pl)	skaaldiere	[skāldirə]
caviar (m)	kaviaar	[kafiār]

cangrejo (m) de mar	krab	[krap]
camarón (m)	garnaal	[χarnāl]
ostra (f)	oester	[ustər]
langosta (f)	seekreef	[see·kreəf]
pulpo (m)	seekat	[see·kat]
calamar (m)	pylinkvis	[pajl·inkfis]

esturión (m)	steur	[støər]
salmón (m)	salm	[salm]
fletán (m)	heilbot	[hæjlbot]

bacalao (m)	kabeljou	[kabeljæʊ]
caballa (f)	makriel	[makril]
atún (m)	tuna	[tuna]
anguila (f)	paling	[paliŋ]

trucha (f)	forel	[forəl]
sardina (f)	sardyn	[sardajn]
lucio (m)	varswatersnoek	[farswatər·snuk]
arenque (m)	haring	[hariŋ]

pan (m)	brood	[broət]
queso (m)	kaas	[kās]
azúcar (m)	suiker	[sœikər]
sal (f)	sout	[sæʊt]

arroz (m)	rys	[rajs]
macarrones (m pl)	pasta	[pasta]
tallarines (m pl)	noedels	[nudɛls]

mantequilla (f)	botter	[bottər]
aceite (m) vegetal	plantaardige olie	[plantārdiχə oli]
aceite (m) de girasol	sonblomolie	[sonblom·oli]
margarina (f)	margarien	[marχarin]

olivas, aceitunas (f pl)	olywe	[olajvə]
aceite (m) de oliva	olyfolie	[olajf·oli]

leche (f)	melk	[mɛlk]
leche (f) condensada	kondensmelk	[kondɛŋs·melk]
yogur (m)	jogurt	[joχurt]
nata (f) agria	suurroom	[sɪr·roəm]

nata (f) líquida	room	[roəm]
mayonesa (f)	mayonnaise	[majonɛs]
crema (f) de mantequilla	crème	[krɛm]

cereales (m pl) integrales	ontbytgraan	[ontbajt·χrãn]
harina (f)	meelblom	[meəl·blom]
conservas (f pl)	blikkieskos	[blikkis·kos]

copos (m pl) de maíz	mielievlokkies	[mili·flokkis]
miel (f)	heuning	[høəniŋ]
confitura (f)	konfyt	[konfajt]
chicle (m)	kougom	[kæʊχom]

53. Las bebidas

agua (f)	water	[vatər]
agua (f) potable	drinkwater	[drink·vatər]
agua (f) mineral	mineraalwater	[minerãl·vatər]

sin gas	sonder gas	[sondər χas]
gaseoso (adj)	soda-	[soda-]
con gas	bruis-	[brœis-]
hielo (m)	ys	[ajs]
con hielo	met ys	[met ajs]

sin alcohol	nie-alkoholies	[ni-alkoholis]
bebida (f) sin alcohol	koeldrank	[kul·drank]
refresco (m)	verfrissende drank	[fərfrisəndə drank]
limonada (f)	limonade	[limonadə]

bebidas (f pl) alcohólicas	likeure	[likøərə]
vino (m)	wyn	[vajn]
vino (m) blanco	witwyn	[vit·vajn]
vino (m) tinto	rooiwyn	[roj·vajn]

licor (m)	likeur	[likøər]
champaña (f)	sjampanje	[ʃampanje]
vermú (m)	vermoet	[fermut]

whisky (m)	whisky	[vhiskaj]
vodka (m)	vodka	[fodka]
ginebra (f)	jenever	[jenefər]
coñac (m)	brandewyn	[brandə·vajn]
ron (m)	rum	[rum]

café (m)	koffie	[koffi]
café (m) solo	swart koffie	[swart koffi]
café (m) con leche	koffie met melk	[koffi met melk]
capuchino (m)	capuccino	[kaputʃino]
café (m) soluble	poeierkoffie	[pujer·koffi]

leche (f)	melk	[melk]
cóctel (m)	mengeldrankie	[menχəl·dranki]
batido (m)	melkskommel	[melk·skomməl]

zumo (m), jugo (m)	sap	[sap]
jugo (m) de tomate	tamatiesap	[tamati·sap]
zumo (m) de naranja	lemoensap	[lemoən·sap]
zumo (m) fresco	vars geparste sap	[fars χeparstə sap]

cerveza (f)	bier	[bir]
cerveza (f) rubia	ligte bier	[liχtə bir]
cerveza (f) negra	donker bier	[dɔnkər bir]

té (m)	tee	[teə]
té (m) negro	swart tee	[swart teə]
té (m) verde	groen tee	[χrun teə]

54. Las verduras

| legumbres (f pl) | groente | [χruntə] |
| verduras (f pl) | groente | [χruntə] |

tomate (m)	tamatie	[tamati]
pepino (m)	komkommer	[komkommər]
zanahoria (f)	wortel	[vortəl]
patata (f)	aartappel	[ãrtappəl]
cebolla (f)	ui	[œi]
ajo (m)	knoffel	[knoffəl]

col (f)	kool	[koəl]
coliflor (f)	blomkool	[blom·koəl]
col (f) de Bruselas	Brusselspruite	[brussɛl·sprœitə]
brócoli (m)	broccoli	[brokoli]

remolacha (f)	beet	[beət]
berenjena (f)	eiervrug	[æjerfruχ]
calabacín (m)	vingerskorsie	[fiŋər·skorsi]

| calabaza (f) | pampoen | [pampun] |
| nabo (m) | raap | [rãp] |

perejil (m)	pietersielie	[pitərsili]
eneldo (m)	dille	[dillə]
lechuga (f)	slaai	[slãi]
apio (m)	seldery	[selderaj]

| espárrago (m) | aspersie | [aspersi] |
| espinaca (f) | spinasie | [spinasi] |

| guisante (m) | ertjie | [ɛrki] |
| habas (f pl) | boontjies | [boənkis] |

| maíz (m) | mielie | [mili] |
| fréjol (m) | nierboontjie | [nir·boənki] |

pimiento (m) dulce	paprika	[paprika]
rábano (m)	radys	[radajs]
alcachofa (f)	artisjok	[artiʃok]

55. Las frutas. Las nueces

fruto (m)	vrugte	[fruχtə]
manzana (f)	appel	[appəl]
pera (f)	peer	[peər]
limón (m)	suurlemoen	[sɪr·lemun]
naranja (f)	lemoen	[lemun]
fresa (f)	aarbei	[ārbæj]
mandarina (f)	nartjie	[narki]
ciruela (f)	pruim	[prœim]
melocotón (m)	perske	[perskə]
albaricoque (m)	appelkoos	[appɛlkoəs]
frambuesa (f)	framboos	[framboəs]
piña (f)	pynappel	[pajnappəl]
banana (f)	piesang	[pisaŋ]
sandía (f)	waatlemoen	[vātlemun]
uva (f)	druif	[drœif]
guinda (f)	suurkersie	[sɪr·kersi]
cereza (f)	soetkersie	[sut·kersi]
melón (m)	spanspek	[spaŋspek]
pomelo (m)	pomelo	[pomelo]
aguacate (m)	avokado	[afokado]
papaya (f)	papaja	[papaja]
mango (m)	mango	[manχo]
granada (f)	granaat	[χranāt]
grosella (f) roja	rooi aalbessie	[roj ālbɛssi]
grosella (f) negra	swartbessie	[swartbɛssi]
grosella (f) espinosa	appelliefie	[appɛlifi]
arándano (m)	bosbessie	[bosbɛssi]
zarzamoras (f pl)	braambessie	[brāmbɛssi]
pasas (f pl)	rosyntjie	[rosajnki]
higo (m)	vy	[faj]
dátil (m)	dadel	[dadəl]
cacahuete (m)	grondboontjie	[χront·boənki]
almendra (f)	amandel	[amandəl]
nuez (f)	okkerneut	[okkər·nøət]
avellana (f)	haselneut	[hasɛl·nøət]
nuez (f) de coco	klapper	[klappər]
pistachos (m pl)	pistachio	[pistatʃio]

56. El pan. Los dulces

pasteles (m pl)	soet gebak	[sut χebak]
pan (m)	brood	[broət]
galletas (f pl)	koekies	[kukis]
chocolate (m)	sjokolade	[ʃokoladə]
de chocolate (adj)	sjokolade	[ʃokoladə]

caramelo (m)	lekkers	[lɛkkərs]
tarta (f) (pequeña)	koek	[kuk]
tarta (f) (~ de cumpleaños)	koek	[kuk]

| tarta (f) (~ de manzana) | pastei | [pastæj] |
| relleno (m) | vulsel | [fulsəl] |

confitura (f)	konfyt	[konfajt]
mermelada (f)	marmelade	[marmeladə]
gofre (m)	wafels	[vafɛls]
helado (m)	roomys	[roəm·ajs]
pudin (m)	poeding	[pudiŋ]

57. Las especias

sal (f)	sout	[sæʊt]
salado (adj)	sout	[sæʊt]
salar (vt)	sout	[sæʊt]

pimienta (f) negra	swart peper	[swart pepər]
pimienta (f) roja	rooi peper	[roj pepər]
mostaza (f)	mosterd	[mostert]
rábano (m) picante	peperwortel	[peper·wortəl]

condimento (m)	smaakmiddel	[smāk·middəl]
especia (f)	spesery	[spesəraj]
salsa (f)	sous	[sæʊs]
vinagre (m)	asyn	[asajn]

anís (m)	anys	[anajs]
albahaca (f)	basilikum	[basilikum]
clavo (m)	naeltjies	[naɛlkis]
jengibre (m)	gemmer	[χɛmmər]
cilantro (m)	koljander	[koljandər]
canela (f)	kaneel	[kaneəl]

sésamo (m)	sesamsaad	[sesam·sāt]
hoja (f) de laurel	lourierblaar	[læʊrir·blār]
paprika (f)	paprika	[paprika]
comino (m)	komynsaad	[komajnsāt]
azafrán (m)	saffraan	[saffrān]

LA INFORMACIÓN PERSONAL. LA FAMILIA

58. La información personal. Los formularios

nombre (m)	voornaam	[foərnãm]
apellido (m)	van	[fan]
fecha (f) de nacimiento	geboortedatum	[xeboərtə·datum]
lugar (m) de nacimiento	geboorteplek	[xeboərtə·plek]
nacionalidad (f)	nasionaliteit	[naʃionalitæjt]
domicilio (m)	woonplek	[voən·plek]
país (m)	land	[lant]
profesión (f)	beroep	[berup]
sexo (m)	geslag	[xeslaχ]
estatura (f)	lengte	[leŋtə]
peso (m)	gewig	[xevəχ]

59. Los familiares. Los parientes

madre (f)	moeder	[mudər]
padre (m)	vader	[fɑdor]
hijo (m)	seun	[søən]
hija (f)	dogter	[doχtər]
hija (f) menor	jonger dogter	[joŋər doχtər]
hijo (m) menor	jonger seun	[joŋər søən]
hija (f) mayor	oudste dogter	[æudstə doχtər]
hijo (m) mayor	oudste seun	[æudstə søən]
hermano (m)	broer	[brur]
hermano (m) mayor	ouer broer	[æuer brur]
hermano (m) menor	jonger broer	[joŋər brur]
hermana (f)	suster	[sustər]
hermana (f) mayor	ouer suster	[æuer sustər]
hermana (f) menor	jonger suster	[joŋər sustər]
primo (m)	neef	[neəf]
prima (f)	neef	[neəf]
mamá (f)	ma	[ma]
papá (m)	pa	[pa]
padres (pl)	ouers	[æuers]
niño -a (m, f)	kind	[kint]
niños (pl)	kinders	[kindərs]
abuela (f)	ouma	[æuma]
abuelo (m)	oupa	[æupa]

nieto (m)	kleinseun	[klæjn·søən]
nieta (f)	kleindogter	[klæjn·doχtər]
nietos (pl)	kleinkinders	[klæjn·kindərs]

tío (m)	oom	[oəm]
tía (f)	tante	[tantə]
sobrino (m)	neef	[neəf]
sobrina (f)	nig	[niχ]

suegra (f)	skoonma	[skoən·ma]
suegro (m)	skoonpa	[skoən·pa]
yerno (m)	skoonseun	[skoən·søən]
madrastra (f)	stiefma	[stifma]
padrastro (m)	stiefpa	[stifpa]

niño (m) de pecho	baba	[baba]
bebé (m)	baba	[baba]
chico (m)	seuntjie	[søənki]

mujer (f)	vrou	[fræʊ]
marido (m)	man	[man]
esposo (m)	eggenoot	[ɛχχenoət]
esposa (f)	eggenote	[ɛχχenotə]

casado (adj)	getroud	[χetræʊt]
casada (adj)	getroud	[χetræʊt]
soltero (adj)	ongetroud	[onχetræʊt]
soltero (m)	vrygesel	[frajχesəl]
divorciado (adj)	geskei	[χeskæj]
viuda (f)	weduwee	[veduveə]
viudo (m)	wedunaar	[vedunār]

pariente (m)	familielid	[famililit]
pariente (m) cercano	na familie	[na famili]
pariente (m) lejano	ver familie	[fer famili]
parientes (pl)	familielede	[famililedə]

huérfano (m)	weeskind	[veəskint]
huérfana (f)	weeskind	[veəskint]
tutor (m)	voog	[foəχ]
adoptar (un niño)	aanneem	[ānneəm]
adoptar (una niña)	aanneem	[ānneəm]

60. Los amigos. Los compañeros del trabajo

amigo (m)	vriend	[frint]
amiga (f)	vriendin	[frindin]
amistad (f)	vriendskap	[frindskap]
ser amigo	bevriend wees	[befrint veəs]

amigote (m)	maat	[māt]
amiguete (f)	vriendin	[frindin]
compañero (m)	maat	[māt]
jefe (m)	baas	[bās]

superior (m)	baas	[bãs]
propietario (m)	eienaar	[æjenãr]
subordinado (m)	ondergeskikte	[ondərχeskiktə]
colega (m, f)	kollega	[kolleχa]

conocido (m)	kennis	[kɛnnis]
compañero (m) de viaje	medereisiger	[medə·ræjsiχər]
condiscípulo (m)	klasmaat	[klas·mãt]

vecino (m)	buurman	[bɪrman]
vecina (f)	buurvrou	[bɪrfræʊ]
vecinos (pl)	bure	[burə]

EL CUERPO. LA MEDICINA

61. La cabeza

cabeza (f)	kop	[kop]
cara (f)	gesig	[χesəχ]
nariz (f)	neus	[nøəs]
boca (f)	mond	[mont]
ojo (m)	oog	[oəχ]
ojos (m pl)	oë	[oɛ]
pupila (f)	pupil	[pupil]
ceja (f)	wenkbrou	[vɛnk·bræʊ]
pestaña (f)	ooghaar	[oəχ·hãr]
párpado (m)	ooglid	[oəχ·lit]
lengua (f)	tong	[toŋ]
diente (m)	tand	[tant]
labios (m pl)	lippe	[lippə]
pómulos (m pl)	wangbene	[vaŋ·benə]
encía (f)	tandvleis	[tand·flæjs]
paladar (m)	verhemelte	[fer·hemɛltə]
ventanas (f pl)	neusgate	[nøəsχatə]
mentón (m)	ken	[ken]
mandíbula (f)	kakebeen	[kakebeən]
mejilla (f)	wang	[vaŋ]
frente (f)	voorhoof	[foərhoəf]
sien (f)	slaap	[slãp]
oreja (f)	oor	[oər]
nuca (f)	agterkop	[aχtərkop]
cuello (m)	nek	[nek]
garganta (f)	keel	[keəl]
pelo, cabello (m)	haar	[hãr]
peinado (m)	kapsel	[kapsəl]
corte (m) de pelo	haarstyl	[hãrstajl]
peluca (f)	pruik	[prœik]
bigote (m)	snor	[snor]
barba (f)	baard	[bãrt]
tener (~ la barba)	dra	[dra]
trenza (f)	vlegsel	[fleχsəl]
patillas (f pl)	bakkebaarde	[bakkəbãrdə]
pelirrojo (adj)	rooiharig	[roj·harəχ]
gris, canoso (adj)	grys	[χrajs]
calvo (adj)	kaal	[kãl]
calva (f)	kaal plek	[kãl plek]

| cola (f) de caballo | poniestert | [poni·stert] |
| flequillo (m) | gordyntjiekapsel | [χordajnki·kapsəl] |

62. El cuerpo

| mano (f) | hand | [hant] |
| brazo (m) | arm | [arm] |

dedo (m)	vinger	[fiŋər]
dedo (m) del pie	toon	[toən]
dedo (m) pulgar	duim	[dœim]
dedo (m) meñique	pinkie	[pinki]
uña (f)	nael	[naəl]

puño (m)	vuis	[fœis]
palma (f)	palm	[palm]
muñeca (f)	pols	[pols]
antebrazo (m)	voorarm	[foərarm]
codo (m)	elmboog	[ɛlmboəχ]
hombro (m)	skouer	[skæʋər]

pierna (f)	been	[beən]
planta (f)	voet	[fut]
rodilla (f)	knie	[kni]
pantorrilla (f)	kuit	[kœit]
cadera (f)	heup	[høəp]
talón (m)	hakskeen	[hak·skeən]

cuerpo (m)	liggaam	[liχχām]
vientre (m)	maag	[māχ]
pecho (m)	bors	[bors]
seno (m)	bors	[bors]
lado (m), costado (m)	sy	[saj]
espalda (f)	rug	[ruχ]
zona (f) lumbar	lae rug	[lae ruχ]
cintura (f), talle (m)	middel	[middəl]

ombligo (m)	naeltjie	[naɛlki]
nalgas (f pl)	boude	[bæʋdə]
trasero (m)	sitvlak	[sitflak]

lunar (m)	moesie	[musi]
marca (f) de nacimiento	moedervlek	[mudər·flek]
tatuaje (m)	tatoe	[tatu]
cicatriz (f)	litteken	[littekən]

63. Las enfermedades

enfermedad (f)	siekte	[siktə]
estar enfermo	siek wees	[sik veəs]
salud (f)	gesondheid	[χesonthæjt]
resfriado (m) (coriza)	loopneus	[loəpnøəs]

angina (f)	keelontsteking	[keəl·ontstekiŋ]
resfriado (m)	verkoue	[ferkæʊə]

bronquitis (f)	bronchitis	[bronχitis]
pulmonía (f)	longontsteking	[loŋ·ontstekiŋ]
gripe (f)	griep	[χrip]

miope (adj)	bysiende	[bəjɛində]
présbita (adj)	versiende	[fersində]
estrabismo (m)	skeelheid	[skeəlhæjt]
estrábico (m) (adj)	skeel	[skeəl]
catarata (f)	katarak	[katarak]
glaucoma (m)	gloukoom	[χlæʊkoəm]

insulto (m)	beroerte	[berurtə]
ataque (m) cardiaco	hartaanval	[hart·ānfal]
infarto (m) de miocardio	hartinfark	[hart·infark]
parálisis (f)	verlamming	[ferlammiŋ]
paralizar (vt)	verlam	[ferlam]

alergia (f)	allergie	[allerχi]
asma (f)	asma	[asma]
diabetes (f)	suikersiekte	[sœikər·siktə]

dolor (m) de muelas	tandpyn	[tand·pajn]
caries (f)	tandbederf	[tand·bederf]

diarrea (f)	diarree	[diarreə]
estreñimiento (m)	hardlywigheid	[hardlajviχæjt]
molestia (f) estomacal	maagongesteldheid	[māχ·oŋəstɛldhæjt]
envenenamiento (m)	voedselvergiftiging	[fudsəl·ferχiftəχiŋ]
envenenarse (vr)	voedselvergiftiging kry	[fudsəl·ferχiftəχiŋ kraj]

artritis (f)	artritis	[artritis]
raquitismo (m)	Engelse siekte	[ɛŋəlsə siktə]
reumatismo (m)	reumatiek	[røəmatik]
ateroesclerosis (f)	artrosklerose	[artrosklerosə]

gastritis (f)	maagontsteking	[māχ·ontstekiŋ]
apendicitis (f)	blindedermontsteking	[blindəderm·ontstekiŋ]
colecistitis (f)	galblaasontsteking	[χalblās·ontstekiŋ]
úlcera (f)	maagsweer	[māχsweər]

sarampión (m)	masels	[masɛls]
rubeola (f)	Duitse masels	[dœitsə masɛls]
ictericia (f)	geelsug	[χeəlsuχ]
hepatitis (f)	hepatitis	[hepatitis]

esquizofrenia (f)	skisofrenie	[skisofreni]
rabia (f) (hidrofobia)	hondsdolheid	[hondsdolhæjt]
neurosis (f)	neurose	[nøərosə]
conmoción (f) cerebral	harsingskudding	[harsiŋ·skuddiŋ]

cáncer (m)	kanker	[kankər]
esclerosis (f)	sklerose	[sklerosə]
esclerosis (m) múltiple	veelvuldige sklerose	[feəlfuldiχə sklerosə]

alcoholismo (m)	alkoholisme	[alkoholismə]
alcohólico (m)	alkoholikus	[alkoholikus]
sífilis (f)	sifilis	[sifilis]
SIDA (m)	VIGS	[vigs]

tumor (m)	tumor	[tumor]
maligno (adj)	kwaadaardig	[kwãdãrdəχ]
benigno (adj)	goedaardig	[χudãrdəχ]

fiebre (f)	koors	[koərs]
malaria (f)	malaria	[malaria]
gangrena (f)	gangreen	[χanχreən]
mareo (m)	seesiekte	[seə·siktə]
epilepsia (f)	epilepsie	[ɛpilepsi]

epidemia (f)	epidemie	[ɛpidemi]
tifus (m)	tifus	[tifus]
tuberculosis (f)	tuberkulose	[tuberkulosə]
cólera (f)	cholera	[χolera]
peste (f)	pes	[pes]

64. Los síntomas. Los tratamientos. Unidad 1

síntoma (m)	simptoom	[simptoəm]
temperatura (f)	temperatuur	[temperatɪr]
fiebre (f)	koors	[koərs]
pulso (m)	polsslag	[pols·slaχ]

mareo (m) (vértigo)	duiseligheid	[dœiseliχæjt]
caliente (adj)	warm	[varm]
escalofrío (m)	koue rillings	[kæʊə rilliŋs]
pálido (adj)	bleek	[bleək]

tos (f)	hoes	[hus]
toser (vi)	hoes	[hus]
estornudar (vi)	nies	[nis]
desmayo (m)	floute	[flæʊtə]
desmayarse (vr)	flou word	[flæʊ vort]

moradura (f)	blou kol	[blæʊ kol]
chichón (m)	knop	[knop]
golpearse (vr)	stamp	[stamp]
magulladura (f)	besering	[beseriŋ]

cojear (vi)	hink	[hink]
dislocación (f)	ontwrigting	[ontwriχtiŋ]
dislocar (vt)	ontwrig	[ontwrəχ]
fractura (f)	breuk	[brøək]
tener una fractura	n breuk hê	[n brøək hɛ:]

corte (m) (tajo)	sny	[snaj]
cortarse (vr)	jouself sny	[jæʊsɛlf snaj]
hemorragia (f)	bloeding	[bludiŋ]
quemadura (f)	brandwond	[brant·vont]

quemarse (vr)	jouself brand	[jæʊsɛlf brant]
pincharse (~ el dedo)	prik	[prik]
pincharse (vr)	jouself prik	[jæʊsɛlf prik]
herir (vt)	seermaak	[seərmāk]
herida (f)	besering	[beseriŋ]
lesión (f) (herida)	wond	[vont]
trauma (m)	trauma	[trɔuma]

delirar (vi)	yl	[ajl]
tartamudear (vi)	stotter	[stottər]
insolación (f)	sonsteek	[sɔŋ·steək]

65. Los síntomas. Los tratamientos. Unidad 2

| dolor (m) | pyn | [pajn] |
| astilla (f) | splinter | [splintər] |

sudor (m)	sweet	[sweət]
sudar (vi)	sweet	[sweət]
vómito (m)	braak	[brāk]
convulsiones (f pl)	stuiptrekkings	[stœip·trɛkkiŋs]

embarazada (adj)	swanger	[swaŋər]
nacer (vi)	gebore word	[χeborə vort]
parto (m)	geboorte	[χeboərtə]
dar a luz	baar	[bār]
aborto (m)	aborsie	[aborsi]

respiración (f)	asemhaling	[asemhaliŋ]
inspiración (f)	inaseming	[inasemiŋ]
espiración (f)	uitaseming	[œitasemiŋ]
espirar (vi)	uitasem	[œitasem]
inspirar (vi)	inasem	[inasem]

inválido (m)	invalide	[infalidə]
mutilado (m)	kreupel	[krøəpəl]
drogadicto (m)	dwelmslaaf	[dwɛlm·slāf]

sordo (adj)	doof	[doəf]
mudo (adj)	stom	[stom]
sordomudo (adj)	doofstom	[doəf·stom]

loco (adj)	swaksinnig	[swaksinnəχ]
loco (m)	kranksinnige	[kranksinniχə]
loca (f)	kranksinnige	[kranksinniχə]
volverse loco	kranksinnig word	[kranksinnəχ vort]

gen (m)	geen	[χeən]
inmunidad (f)	immuniteit	[immunitæjt]
hereditario (adj)	erflik	[ɛrflik]
de nacimiento (adj)	aangebore	[ānχəborə]

| virus (m) | virus | [firus] |
| microbio (m) | mikrobe | [mikrobə] |

| bacteria (f) | bakterie | [bakteri] |
| infección (f) | infeksie | [infeksi] |

66. Los síntomas. Los tratamientos. Unidad 3

| hospital (m) | hospitaal | [hospitãl] |
| paciente (m) | pasiënt | [pasiɛnt] |

diagnosis (f)	diagnose	[diaχnosə]
cura (f)	genesing	[χenesiŋ]
tratamiento (m)	mediese behandeling	[medisə behandəliŋ]
curarse (vr)	behandeling kry	[behandəliŋ kraj]
tratar (vt)	behandel	[behandəl]
cuidar (a un enfermo)	versorg	[fersorχ]
cuidados (m pl)	versorging	[fersorχiŋ]

operación (f)	operasie	[operasi]
vendar (vt)	verbind	[ferbint]
vendaje (m)	verband	[ferbant]

vacunación (f)	inenting	[inɛntiŋ]
vacunar (vt)	inent	[inɛnt]
inyección (f)	inspuiting	[inspœitiŋ]

ataque (m)	aanval	[ãnfal]
amputación (f)	amputasie	[amputasi]
amputar (vt)	amputeer	[amputeər]
coma (m)	koma	[komɑ]
revitalización (f)	intensiewe sorg	[intɛnsivə sorχ]

recuperarse (vr)	herstel	[herstəl]
estado (m) (de salud)	kondisie	[kondisi]
consciencia (f)	bewussyn	[bevussajn]
memoria (f)	geheue	[χəhøə]

extraer (un diente)	trek	[trek]
empaste (m)	vulsel	[fulsəl]
empastar (vt)	vul	[ful]

| hipnosis (f) | hipnose | [hipnosə] |
| hipnotizar (vt) | hipnotiseer | [hipnotiseər] |

67. La medicina. Las drogas. Los accesorios

medicamento (m), droga (f)	medisyn	[medisajn]
remedio (m)	geneesmiddel	[χeneəs·middəl]
prescribir (vt)	voorskryf	[foərskrajf]
receta (f)	voorskrif	[foərskrif]

tableta (f)	pil	[pil]
ungüento (m)	salf	[salf]
ampolla (f)	ampul	[ampul]

mixtura (f), mezcla (f)	**mengsel**	[meŋsəl]
sirope (m)	**stroop**	[stroəp]
píldora (f)	**pil**	[pil]
polvo (m)	**poeier**	[pujer]
venda (f)	**verband**	[ferbant]
algodón (m) (discos de ~)	**watte**	[vattə]
yodo (m)	**iodium**	[iodium]
tirita (f), curita (f)	**pleister**	[plæjstər]
pipeta (f)	**oogdrupper**	[oəχ·druppər]
termómetro (m)	**termometer**	[termometər]
jeringa (f)	**spuitnaald**	[spœit·nãlt]
silla (f) de ruedas	**rolstoel**	[rol·stul]
muletas (f pl)	**krukke**	[krukkə]
anestésico (m)	**pynstiller**	[pajn·stillər]
purgante (m)	**lakseermiddel**	[lakseər·middəl]
alcohol (m)	**spiritus**	[spiritus]
hierba (f) medicinal	**geneeskragtige kruie**	[χeneəs·kraχtiχə krœiə]
de hierbas (té ~)	**kruie-**	[krœie-]

EL APARTAMENTO

68. El apartamento

apartamento (m)	**woonstel**	[voəŋstəl]
habitación (f)	**kamer**	[kamər]
dormitorio (m)	**slaapkamer**	[slāp·kamər]
comedor (m)	**eetkamer**	[eet·kamər]
salón (m)	**sitkamer**	[sit·kamər]
despacho (m)	**studeerkamer**	[studeer·kamər]
antecámara (f)	**ingangsportaal**	[inχaŋs·portāl]
cuarto (m) de baño	**badkamer**	[bad·kamər]
servicio (m)	**toilet**	[tojlet]
techo (m)	**plafon**	[plafon]
suelo (m)	**vloer**	[flur]
rincón (m)	**hoek**	[huk]

69. Los muebles. El interior

muebles (m pl)	**meubels**	[møəbɛls]
mesa (f)	**tafel**	[tafel]
silla (f)	**stoel**	[stul]
cama (f)	**bed**	[bet]
sofá (m)	**rusbank**	[rusbank]
sillón (m)	**gemakstoel**	[χemak·stul]
librería (f)	**boekkas**	[buk·kas]
estante (m)	**rak**	[rak]
armario (m)	**klerekas**	[klerə·kas]
percha (f)	**kapstok**	[kapstok]
perchero (m) de pie	**kapstok**	[kapstok]
cómoda (f)	**laaikas**	[lājkas]
mesa (f) de café	**koffietafel**	[koffi·tafəl]
espejo (m)	**spieël**	[spiɛl]
tapiz (m)	**mat**	[mat]
alfombra (f)	**matjie**	[maki]
chimenea (f)	**vuurherd**	[fɪr·hert]
vela (f)	**kers**	[kers]
candelero (m)	**kandelaar**	[kandelār]
cortinas (f pl)	**gordyne**	[χordajnə]
empapelado (m)	**muurpapier**	[mɪr·papir]

estor (m) de láminas	blindings	[blindiŋs]
lámpara (f) de mesa	tafellamp	[tafel·lamp]
aplique (m)	muurlamp	[mɪr·lamp]
lámpara (f) de pie	staanlamp	[stān·lamp]
lámpara (f) de araña	kroonlugter	[kroən·luχtər]

pata (f) (~ de la mesa)	poot	[poət]
brazo (m)	armleuning	[arm·løøniŋ]
espaldar (m)	rugleuning	[ruχ·løøniŋ]
cajón (m)	laai	[lāi]

70. Los accesorios de cama

ropa (f) de cama	beddegoed	[beddə·χut]
almohada (f)	kussing	[kussiŋ]
funda (f)	kussingsloop	[kussiŋ·sloəp]
manta (f)	duvet	[dufet]
sábana (f)	laken	[laken]
sobrecama (f)	bedsprei	[bed·spræj]

71. La cocina

cocina (f)	kombuis	[kombœis]
gas (m)	gas	[χas]
cocina (f) de gas	gasstoof	[χas·stoəf]
cocina (f) eléctrica	elektriese stoof	[elektrisə stoəf]
horno (m)	oond	[oent]
horno (m) microondas	mikrogolfoond	[mikroχolf·oent]

frigorífico (m)	yskas	[ajs·kas]
congelador (m)	vrieskas	[friskas]
lavavajillas (m)	skottelgoedwasser	[skottɛlχud·wassər]

picadora (f) de carne	vleismeul	[flæjs·møəl]
exprimidor (m)	versapper	[fersappər]
tostador (m)	broodrooster	[broəd·roəstər]
batidora (f)	menger	[meŋər]

cafetera (f) (aparato de cocina)	koffiemasjien	[koffi·maʃin]
cafetera (f) (para servir)	koffiepot	[koffi·pot]
molinillo (m) de café	koffiemeul	[koffi·møəl]

hervidor (m) de agua	fluitketel	[flœit·ketəl]
tetera (f)	teepot	[teə·pot]
tapa (f)	deksel	[deksəl]
colador (m) de té	teesiffie	[teə·siffi]

cuchara (f)	lepel	[lepəl]
cucharilla (f)	teelepeltjie	[teə·lepəlki]
cuchara (f) de sopa	soplepel	[sop·lepəl]
tenedor (m)	vurk	[furk]

cuchillo (m)	mes	[mes]
vajilla (f)	tafelgerei	[tafəl·χeræj]
plato (m)	bord	[bort]
platillo (m)	piering	[piriŋ]

vaso (m) de chupito	likeurglas	[likøər·χlas]
vaso (m) (~ de agua)	glas	[χlas]
taza (f)	koppie	[koppi]

azucarera (f)	suikerpot	[sœikər·pot]
salero (m)	soutvaatjie	[sæʊt·fāki]
pimentero (m)	pepervaatjie	[pepər·fāki]
mantequera (f)	botterbakkie	[bottər·bakki]

cacerola (f)	soppot	[sop·pot]
sartén (f)	braaipan	[brāj·pan]
cucharón (m)	opskeplepel	[opskep·lepəl]
colador (m)	vergiet	[ferχit]
bandeja (f)	skinkbord	[skink·bort]

botella (f)	bottel	[bottəl]
tarro (m) de vidrio	fles	[fles]
lata (f)	blikkie	[blikki]

abrebotellas (m)	botteloopmaker	[bottəl·oəpmakər]
abrelatas (m)	blikoopmaker	[blik·oəpmakər]
sacacorchos (m)	kurktrekker	[kurk·trɛkkər]
filtro (m)	filter	[filtər]
filtrar (vt)	filter	[filtər]

| basura (f) | vullis | [fullis] |
| cubo (m) de basura | vullisbak | [fullis·bak] |

72. El baño

cuarto (m) de baño	badkamer	[bad·kamər]
agua (f)	water	[vatər]
grifo (m)	kraan	[krān]
agua (f) caliente	warme water	[varmə vatər]
agua (f) fría	koue water	[kæʊə vatər]

pasta (f) de dientes	tandepasta	[tandə·pasta]
limpiarse los dientes	tande borsel	[tandə borsəl]
cepillo (m) de dientes	tandeborsel	[tandə·borsəl]

afeitarse (vr)	skeer	[skeər]
espuma (f) de afeitar	skeerroom	[skeər·roəm]
maquinilla (f) de afeitar	skeermes	[skeər·mes]

lavar (vt)	was	[vas]
darse un baño	bad	[bat]
ducha (f)	stort	[stort]
darse una ducha	stort	[stort]
bañera (f)	bad	[bat]

| inodoro (m) | toilet | [tojlet] |
| lavabo (m) | wasbak | [vas·bak] |

| jabón (m) | seep | [seep] |
| jabonera (f) | seepbakkie | [seep·bakki] |

esponja (f)	spons	[spɔŋs]
champú (m)	sjampoe	[ʃampu]
toalla (f)	handdoek	[handduk]
bata (f) de baño	badjas	[batjas]

colada (f), lavado (m)	was	[vas]
lavadora (f)	wasmasjien	[vas·maʃin]
lavar la ropa	die wasgoed was	[di vasχut vas]
detergente (m) en polvo	waspoeier	[vas·pujer]

73. Los aparatos domésticos

televisor (m)	TV-stel	[te·fe-stəl]
magnetófono (m)	bandspeler	[band·spelər]
vídeo (m)	videomasjien	[video·maʃin]
radio (m)	radio	[radio]
reproductor (m) (~ MP3)	speler	[spelər]

proyector (m) de vídeo	videoprojektor	[video·projektor]
sistema (m) home cinema	tuisfliekteater	[tœis·flik·teatər]
reproductor (m) de DVD	DVD-speler	[de·fe·de-spelər]
amplificador (m)	versterker	[fersterkər]
videoconsola (f)	videokonsole	[video·kɔŋsolə]

cámara (f) de vídeo	videokamera	[video·kamera]
cámara (f) fotográfica	kamera	[kamera]
cámara (f) digital	digitale kamera	[diχitalə kamera]

aspirador (m), aspiradora (f)	stofsuier	[stof·sœiər]
plancha (f)	strykyster	[strajk·ajstər]
tabla (f) de planchar	strykplank	[strajk·plank]

teléfono (m)	telefoon	[telefoən]
teléfono (m) móvil	selfoon	[sɛlfoən]
máquina (f) de escribir	tikmasjien	[tik·maʃin]
máquina (f) de coser	naaimasjien	[naj·maʃin]

micrófono (m)	mikrofoon	[mikrofoən]
auriculares (m pl)	koptelefoon	[kop·telefoən]
mando (m) a distancia	afstandsbeheer	[afstands·beheər]

CD (m)	CD	[se·de]
casete (m)	kasset	[kasset]
disco (m) de vinilo	plaat	[plãt]

LA TIERRA. EL TIEMPO

74. El espacio

cosmos (m)	kosmos	[kosmos]
espacial, cósmico (adj)	kosmies	[kosmis]
espacio (m) cósmico	buitenste ruimte	[bœitɛŋstə rajmtə]
mundo (m)	wêreld	[væːrɛlt]
universo (m)	heelal	[heəlal]
galaxia (f)	sterrestelsel	[sterrə·stɛlsəl]
estrella (f)	ster	[ster]
constelación (f)	sterrebeeld	[sterrə·beəlt]
planeta (m)	planeet	[planeət]
satélite (m)	satelliet	[satɛllit]
meteorito (m)	meteoriet	[meteorit]
cometa (m)	komeet	[komeət]
asteroide (m)	asteroïed	[asteroïət]
órbita (f)	baan	[bāːn]
girar (vi)	draai	[drāːi]
atmósfera (f)	atmosfeer	[atmosfeər]
Sol (m)	die Son	[di son]
sistema (m) solar	sonnestelsel	[sonnə·stɛlsəl]
eclipse (m) de Sol	sonsverduistering	[sɔŋs·ferdœisteriŋ]
Tierra (f)	die Aarde	[di āːrdə]
Luna (f)	die Maan	[di māːn]
Marte (m)	Mars	[mars]
Venus (f)	Venus	[fenus]
Júpiter (m)	Jupiter	[jupitər]
Saturno (m)	Saturnus	[saturnus]
Mercurio (m)	Mercurius	[merkurius]
Urano (m)	Uranus	[uranus]
Neptuno (m)	Neptunus	[neptunus]
Plutón (m)	Pluto	[pluto]
la Vía Láctea	Melkweg	[melk·weχ]
la Osa Mayor	Groot Beer	[χroət beər]
la Estrella Polar	Poolster	[poəl·stər]
marciano (m)	marsbewoner	[mars·bevonər]
extraterrestre (m)	buiteaardse wese	[bœite·āːrdsə vesə]

| planetícola (m) | ruimtewese | [rœimtə·vesə] |
| platillo (m) volante | vlieënde skottel | [fliɛndə skottəl] |

nave (f) espacial	ruimteskip	[rœimtə·skip]
estación (f) orbital	ruimtestasie	[rœimtə·stasi]
despegue (m)	vertrek	[fertrek]

motor (m)	enjin	[ɛndʒin]
tobera (f)	uitlaatpyp	[œitlāt·pajp]
combustible (m)	brandstof	[brantstof]

carlinga (f)	stuurkajuit	[stɪr·kajœit]
antena (f)	lugdraad	[luχdrāt]
ventana (f)	patryspoort	[patrajs·poərt]
batería (f) solar	sonpaneel	[son·paneəl]
escafandra (f)	ruimtepak	[rœimtə·pak]

| ingravidez (f) | gewigloosheid | [χeviχloəshæjt] |
| oxígeno (m) | suurstof | [sɪrstof] |

| atraque (m) | koppeling | [koppeliŋ] |
| realizar el atraque | koppel | [koppəl] |

observatorio (m)	observatorium	[observatorium]
telescopio (m)	teleskoop	[teleskoəp]
observar (vt)	waarneem	[vārneəm]
explorar (~ el universo)	eksploreer	[ɛksploreər]

75. La tierra

Tierra (f)	die Aarde	[di ārdə]
globo (m) terrestre	die aardbol	[di ārdbol]
planeta (m)	planeet	[planeət]

atmósfera (f)	atmosfeer	[atmosfeər]
geografía (f)	geografie	[χeoχrafi]
naturaleza (f)	natuur	[natɪr]

globo (m) terráqueo	aardbol	[ārd·bol]
mapa (m)	kaart	[kārt]
atlas (m)	atlas	[atlas]

| Europa (f) | Europa | [øəropa] |
| Asia (f) | Asië | [asiɛ] |

| África (f) | Afrika | [afrika] |
| Australia (f) | Australië | [ɔustraliɛ] |

América (f)	Amerika	[amerika]
América (f) del Norte	Noord-Amerika	[noərd-amerika]
América (f) del Sur	Suid-Amerika	[sœid-amerika]

| Antártida (f) | Suidpool | [sœid·poəl] |
| Ártico (m) | Noordpool | [noərd·poəl] |

76. Los puntos cardinales

norte (m)	noorde	[noərdə]
al norte	na die noorde	[na di noərdə]
en el norte	in die noorde	[in di noərdə]
del norte (adj)	noordelik	[noərdəlik]
sur (m)	suide	[sœidə]
al sur	na die suide	[na di sœidə]
en el sur	in die suide	[in di sœidə]
del sur (adj)	suidelik	[sœidəlik]
oeste (m)	weste	[vestə]
al oeste	na die weste	[na di vestə]
en el oeste	in die weste	[in di vestə]
del oeste (adj)	westelik	[vestelik]
este (m)	ooste	[oəstə]
al este	na die ooste	[na di oəstə]
en el este	in die ooste	[in di oəstə]
del este (adj)	oostelik	[oəstəlik]

77. El mar. El océano

mar (m)	see	[seə]
océano (m)	oseaan	[oseān]
golfo (m)	golf	[χolf]
estrecho (m)	straat	[strãt]
tierra (f) firme	land	[lant]
continente (m)	kontinent	[kontinent]
isla (f)	eiland	[æjlant]
península (f)	skiereiland	[skir·æjlant]
archipiélago (m)	argipel	[arχipəl]
bahía (f)	baai	[bāi]
ensenada, bahía (f)	hawe	[havə]
laguna (f)	strandmeer	[strand·meər]
cabo (m)	kaap	[kãp]
atolón (m)	atol	[atol]
arrecife (m)	rif	[rif]
coral (m)	koraal	[korāl]
arrecife (m) de coral	koraalrif	[korāl·rif]
profundo (adj)	diep	[dip]
profundidad (f)	diepte	[diptə]
abismo (m)	afgrond	[afχront]
fosa (f) oceánica	trog	[troχ]
corriente (f)	stroming	[stromiŋ]
bañar (rodear)	omring	[omriŋ]

| orilla (f) | oewer | [uvər] |
| costa (f) | kus | [kus] |

flujo (m)	hoogwater	[hoəχ·vatər]
reflujo (m)	laagwater	[lāχ·vatər]
banco (m) de arena	sandbank	[sand·bank]
fondo (m)	bodem	[bodem]

ola (f)	golf	[χolf]
cresta (f) de la ola	kruin	[krœin]
espuma (f)	skuim	[skœim]

tempestad (f)	storm	[storm]
huracán (m)	orkaan	[orkān]
tsunami (m)	tsunami	[tsunami]
bonanza (f)	windstilte	[vindstiltə]
calmo, tranquilo	kalm	[kalm]

| polo (m) | pool | [poəl] |
| polar (adj) | polêr | [polær] |

latitud (f)	breedtegraad	[breədtə·χrāt]
longitud (f)	lengtegraad	[leŋtə·χrāt]
paralelo (m)	parallel	[paralləl]
ecuador (m)	ewenaar	[ɛvenār]

cielo (m)	hemel	[heməl]
horizonte (m)	horison	[horison]
aire (m)	lug	[luχ]

faro (m)	vuurtoring	[fɪrtoriŋ]
bucear (vi)	duik	[dœik]
hundirse (vr)	sink	[sink]
tesoros (m pl)	skatte	[skattə]

78. Los nombres de los mares y los océanos

océano (m) Atlántico	Atlantiese oseaan	[atlantisə oseān]
océano (m) Índico	Indiese Oseaan	[indisə oseān]
océano (m) Pacífico	Stille Oseaan	[stillə oseān]
océano (m) Glacial Ártico	Noordelike Yssee	[noərdelikə ajs·seə]

mar (m) Negro	Swart See	[swart seə]
mar (m) Rojo	Rooi See	[roj seə]
mar (m) Amarillo	Geel See	[χeəl seə]
mar (m) Blanco	Witsee	[vit·seə]

mar (m) Caspio	Kaspiese See	[kaspisə seə]
mar (m) Muerto	Dooie See	[doje seə]
mar (m) Mediterráneo	Middellandse See	[middəllandsə seə]

mar (m) Egeo	Egeïese See	[ɛχejesə seə]
mar (m) Adriático	Adriatiese See	[adriatisə seə]
mar (m) Arábigo	Arabiese See	[arabisə seə]

mar (m) del Japón	Japanse See	[japaŋsə seə]
mar (m) de Bering	Beringsee	[beriŋ·seə]
mar (m) de la China Meridional	Suid-Sjinese See	[sœid-ʃinesə seə]

mar (m) del Coral	Koraalsee	[korāl·seə]
mar (m) de Tasmania	Tasmansee	[tasmaŋ·seə]
mar (m) Caribe	Karibiese See	[karibisə seə]

| mar (m) de Barents | Barentssee | [barents·seə] |
| mar (m) de Kara | Karasee | [kara·seə] |

mar (m) del Norte	Noordsee	[noərd·seə]
mar (m) Báltico	Baltiese See	[baltisə seə]
mar (m) de Noruega	Noorse See	[noərsə seə]

79. Las montañas

montaña (f)	berg	[berχ]
cadena (f) de montañas	bergreeks	[berχ·reəks]
cresta (f) de montañas	bergrug	[berχ·ruχ]

cima (f)	top	[top]
pico (m)	piek	[pik]
pie (m)	voet	[fut]
cuesta (f)	helling	[hɛlliŋ]

volcán (m)	vulkaan	[fulkān]
volcán (m) activo	aktiewe vulkaan	[aktivə fulkān]
volcán (m) apagado	rustende vulkaan	[rustendə fulkān]

erupción (f)	uitbarsting	[œitbarstiŋ]
cráter (m)	krater	[kratər]
magma (m)	magma	[maχma]
lava (f)	lawa	[lava]
fundido (lava ~a)	gloeiende	[χlujendə]

cañón (m)	diepkloof	[dip·kloəf]
desfiladero (m)	kloof	[kloəf]
grieta (f)	skeur	[skøər]
precipicio (m)	afgrond	[afχront]

puerto (m) (paso)	bergpas	[berχ·pas]
meseta (f)	plato	[plato]
roca (f)	krans	[kraŋs]
colina (f)	kop	[kop]

glaciar (m)	gletser	[χletsər]
cascada (f)	waterval	[vatər·fal]
geiser (m)	geiser	[χæjsər]
lago (m)	meer	[meər]

| llanura (f) | vlakte | [flaktə] |
| paisaje (m) | landskap | [landskap] |

eco (m)	**eggo**	[ɛxxo]
alpinista (m)	**alpinis**	[alpinis]
escalador (m)	**bergklimmer**	[berχ·klimmər]
conquistar (vt)	**baasraak**	[bāsrāk]
ascensión (f)	**beklimming**	[beklimmiŋ]

80. Loo nombres de las montañas

Alpes (m pl)	**die Alpe**	[di alpə]
Montblanc (m)	**Mont Blanc**	[mon blan]
Pirineos (m pl)	**die Pireneë**	[di pirenɛ]
Cárpatos (m pl)	**die Karpate**	[di karpatə]
Urales (m pl)	**die Oeralgebergte**	[di ural·χəberχtə]
Cáucaso (m)	**die Koukasus Gebergte**	[di kæʊkasus χəberχtə]
Elbrus (m)	**Elbroes**	[ɛlbrus]
Altai (m)	**die Altai-gebergte**	[di altaj-χəberχtə]
Tian-Shan (m)	**die Tian Shan**	[di tian ʃan]
Pamir (m)	**die Pamir**	[di pamir]
Himalayos (m pl)	**die Himalajas**	[di himalajas]
Everest (m)	**Everest**	[ɛverest]
Andes (m pl)	**die Andes**	[di andes]
Kilimanjaro (m)	**Kilimanjaro**	[kilimandʒaro]

81. Los ríos

río (m)	**rivier**	[rifir]
manantial (m)	**bron**	[bron]
lecho (m) (curso de agua)	**rivierbed**	[rifir·bet]
cuenca (f) fluvial	**stroomgebied**	[stroəm·χebit]
desembocar en ...	**uitmond in ...**	[œitmont in ...]
afluente (m)	**syrivier**	[saj·rifir]
ribera (f)	**oewer**	[uvər]
corriente (f)	**stroming**	[stromiŋ]
río abajo (adv)	**stroomafwaarts**	[stroəm·afvārts]
río arriba (adv)	**stroomopwaarts**	[stroəm·opvārts]
inundación (f)	**oorstroming**	[oərstromiŋ]
riada (f)	**oorstroming**	[oərstromiŋ]
desbordarse (vr)	**oor sy walle loop**	[oər saj vallə loəp]
inundar (vt)	**oorstroom**	[oərstroəm]
bajo (m) arenoso	**sandbank**	[sand·bank]
rápido (m)	**stroomversnellings**	[stroəm·fersnɛlliŋs]
presa (f)	**damwal**	[dam·wal]
canal (m)	**kanaal**	[kanāl]
lago (m) artificiale	**opgaardam**	[opχār·dam]

esclusa (f)	sluis	[slœis]
cuerpo (m) de agua	dam	[dam]
pantano (m)	moeras	[muras]
ciénaga (f)	vlei	[flæj]
remolino (m)	draaikolk	[drãj·kolk]

arroyo (m)	spruit	[sprœit]
potable (adj)	drink-	[drink-]
dulce (agua ~)	vars	[fars]

| hielo (m) | ys | [ajs] |
| helarse (el lago, etc.) | bevries | [befris] |

82. Los nombres de los ríos

| Sena (m) | Seine | [sæjn] |
| Loira (m) | Loire | [lua:r] |

Támesis (m)	Teems	[tems]
Rin (m)	Ryn	[rajn]
Danubio (m)	Donau	[donɔu]

Volga (m)	Wolga	[volga]
Don (m)	Don	[don]
Lena (m)	Lena	[lena]

Río (m) Amarillo	Geel Rivier	[xeel rifir]
Río (m) Azul	Blou Rivier	[blœu rifir]
Mekong (m)	Mekong	[mekoŋ]
Ganges (m)	Ganges	[xaŋəs]

Nilo (m)	Nyl	[najl]
Congo (m)	Kongorivier	[kongo·rifir]
Okavango (m)	Okavango	[okavango]
Zambeze (m)	Zambezi	[sambesi]
Limpopo (m)	Limpopo	[limpopo]
Misisipi (m)	Mississippi	[mississippi]

83. El bosque

| bosque (m) | bos | [bos] |
| de bosque (adj) | bos- | [bos-] |

espesura (f)	woud	[væut]
bosquecillo (m)	boord	[boərt]
claro (m)	oopte	[oəptə]

| maleza (f) | struikgewas | [strœik·xevas] |
| matorral (m) | struikveld | [strœik·fɛlt] |

| senda (f) | paadjie | [pãdʒi] |
| barranco (m) | donga | [donxa] |

árbol (m)	boom	[boəm]
hoja (f)	blaar	[blãr]
follaje (m)	blare	[blarə]
caída (f) de hojas	val van die blare	[fal fan di blarə]
caer (las hojas)	val	[fal]
cima (f)	boomtop	[boəm·top]
rama (f)	tak	[tak]
rama (f) (gruesa)	tak	[tak]
brote (m)	knop	[knop]
aguja (f)	naald	[nãlt]
piña (f)	dennebol	[dɛnnə·bol]
agujero (m)	holte	[holtə]
nido (m)	nes	[nes]
tronco (m)	stam	[stam]
raíz (f)	wortel	[vortəl]
corteza (f)	bas	[bas]
musgo (m)	mos	[mos]
extirpar (vt)	ontwortel	[ontwortəl]
talar (vt)	omkap	[omkap]
deforestar (vt)	ontbos	[ontbos]
tocón (m)	boomstomp	[boəm·stomp]
hoguera (f)	kampvuur	[kampfɪr]
incendio (m) forestal	bosbrand	[bos·brant]
apagar (~ el incendio)	blus	[blus]
guarda (m) forestal	boswagter	[bos·waχtər]
protección (f)	beskerming	[beskermiŋ]
proteger (vt)	beskerm	[beskerm]
cazador (m) furtivo	wildstroper	[vilt·stropər]
cepo (m)	slagyster	[slaχ·ajstər]
recoger (setas, bayas)	pluk	[pluk]
perderse (vr)	verdwaal	[ferdwãl]

84. Los recursos naturales

recursos (m pl) naturales	natuurlike bronne	[natɪrlikə bronnə]
recursos (m pl) subterráneos	minerale	[mineralə]
depósitos (m pl)	lae	[laə]
yacimiento (m)	veld	[fɛlt]
extraer (vt)	myn	[majn]
extracción (f)	myn	[majn]
mena (f)	erts	[ɛrts]
mina (f)	myn	[majn]
pozo (m) de mina	mynskag	[majn·skaχ]
minero (m)	mynwerker	[majn·werkər]
gas (m)	gas	[χas]

gasoducto (m)	**gaspyp**	[χas·pajp]
petróleo (m)	**olie**	[oli]
oleoducto (m)	**olipypleiding**	[oli·pajp·læjdiŋ]
pozo (m) de petróleo	**oliebron**	[oli·bron]
torre (f) de sondeo	**boortoring**	[boər·toriŋ]
petrolero (m)	**tenkskip**	[tɛnk·skip]
arena (f)	**sand**	[sant]
caliza (f)	**kalksteen**	[kalksteən]
grava (f)	**gruis**	[χrœis]
turba (f)	**veengrond**	[feənχront]
arcilla (f)	**klei**	[klæj]
carbón (m)	**steenkool**	[steən·koəl]
hierro (m)	**yster**	[ajstər]
oro (m)	**goud**	[χæʊt]
plata (f)	**silwer**	[silwər]
níquel (m)	**nikkel**	[nikkəl]
cobre (m)	**koper**	[kopər]
zinc (m)	**sink**	[sink]
manganeso (m)	**mangaan**	[manχān]
mercurio (m)	**kwik**	[kwik]
plomo (m)	**lood**	[loət]
mineral (m)	**mineraal**	[minerāl]
cristal (m)	**kristal**	[kristal]
mármol (m)	**marmer**	[marmər]
uranio (m)	**uraan**	[urān]

85. El tiempo

tiempo (m)	**weer**	[veər]
previsión (f) del tiempo	**weersvoorspelling**	[veərs·foərspɛlliŋ]
temperatura (f)	**temperatuur**	[temperatɪr]
termómetro (m)	**termometer**	[termometər]
barómetro (m)	**barometer**	[barometər]
húmedo (adj)	**klam**	[klam]
humedad (f)	**vogtigheid**	[foχtiχæjt]
bochorno (m)	**hitte**	[hittə]
tórrido (adj)	**heet**	[heət]
hace mucho calor	**dis vrekwarm**	[dis frekvarm]
hace calor (templado)	**dit is warm**	[dit is varm]
templado (adj)	**louwarm**	[læʊvarm]
hace frío	**dis koud**	[dis kæʊt]
frío (adj)	**koud**	[kæʊt]
sol (m)	**son**	[son]
brillar (vi)	**skyn**	[skajn]
soleado (un día ~)	**sonnig**	[sonnəχ]

elevarse (el sol)	opkom	[opkom]
ponerse (vr)	ondergaan	[ondərχān]

nube (f)	wolk	[volk]
nuboso (adj)	bewolk	[bevolk]
nubarrón (m)	reënwolk	[reɛn·wolk]
nublado (adj)	somber	[sombər]

lluvia (f)	reën	[reɛn]
está lloviendo	dit reën	[dit reɛn]
lluvioso (adj)	reënerig	[reɛnerəχ]
lloviznar (vi)	motreën	[motreɛn]

aguacero (m)	stortbui	[stortbœi]
chaparrón (m)	reënvlaag	[reɛn·flāχ]
fuerte (la lluvia ~)	swaar	[swār]
charco (m)	poeletjie	[puləki]
mojarse (vr)	nat word	[nat vort]

niebla (f)	mis	[mis]
nebuloso (adj)	mistig	[mistəχ]
nieve (f)	sneeu	[sniʊ]
está nevando	dit sneeu	[dit sniʊ]

86. Los eventos climáticos severos. Los desastres naturales

tormenta (f)	donderstorm	[dondər·storm]
relámpago (m)	weerlig	[veərləχ]
relampaguear (vi)	flits	[flits]

trueno (m)	donder	[dondər]
tronar (vi)	donder	[dondər]
está tronando	dit donder	[dit dondər]

granizo (m)	hael	[haəl]
está granizando	dit hael	[dit haəl]

inundar (vt)	oorstroom	[oərstroəm]
inundación (f)	oorstroming	[oərstromiŋ]

terremoto (m)	aardbewing	[ārd·beviŋ]
sacudida (f)	aardskok	[ārd·skok]
epicentro (m)	episentrum	[ɛpisentrum]

erupción (f)	uitbarsting	[œitbarstiŋ]
lava (f)	lawa	[lava]

torbellino (m), tornado (m)	tornado	[tornado]
tifón (m)	tifoon	[tifoən]

huracán (m)	orkaan	[orkān]
tempestad (f)	storm	[storm]
tsunami (m)	tsunami	[tsunami]
ciclón (m)	sikloon	[sikloən]

mal tiempo (m)	**slegte weer**	[sleχtə veər]
incendio (m)	**brand**	[brant]
catástrofe (f)	**ramp**	[ramp]
meteorito (m)	**meteoriet**	[meteorit]
avalancha (f)	**lawine**	[lavinə]
alud (m) de nieve	**sneeulawine**	[sniʊ·lavinə]
ventisca (f)	**sneeustorm**	[sniʊ·storm]
nevasca (f)	**sneeustorm**	[sniʊ·storm]

LA FAUNA

87. Los mamíferos. Los predadores

Español	Afrikáans	Pronunciación
carnívoro (m)	roofdier	[roəf·dir]
tigre (m)	tier	[tir]
león (m)	leeu	[liʊ]
lobo (m)	wolf	[volf]
zorro (m)	vos	[fos]
jaguar (m)	jaguar	[jaχuar]
leopardo (m)	luiperd	[lœipert]
guepardo (m)	jagluiperd	[jaχ·lœipert]
pantera (f)	swart luiperd	[swart lœipert]
puma (f)	poema	[puma]
leopardo (m) de las nieves	sneeuluiperd	[sniʊ·lœipert]
lince (m)	los	[los]
coyote (m)	prêriewolf	[præri·volf]
chacal (m)	jakkals	[jakkals]
hiena (f)	hiëna	[hiɛna]

88. Los animales salvajes

Español	Afrikáans	Pronunciación
animal (m)	dier	[dir]
bestia (f)	beest	[beəst]
ardilla (f)	eekhoring	[eəkhoriŋ]
erizo (m)	krimpvarkie	[krimpfarki]
liebre (f)	hasie	[hasi]
conejo (m)	konyn	[konajn]
tejón (m)	das	[das]
mapache (m)	wasbeer	[vasbeər]
hámster (m)	hamster	[hamstər]
marmota (f)	marmot	[marmot]
topo (m)	mol	[mol]
ratón (m)	muis	[mœis]
rata (f)	rot	[rot]
murciélago (m)	vlermuis	[fler·mœis]
armiño (m)	hermelyn	[hermələjn]
cebellina (f)	sabel, sabeldier	[sabəl], [sabəl·dir]
marta (f)	marter	[martər]
comadreja (f)	wesel	[vesəl]
visón (m)	nerts	[nerts]

| castor (m) | bewer | [bevər] |
| nutria (f) | otter | [ottər] |

caballo (m)	perd	[pert]
alce (m)	eland	[ɛlant]
ciervo (m)	hert	[hert]
camello (m)	kameel	[kameəl]

bisonte (m)	bison	[bison]
uro (m)	wisent	[visent]
búfalo (m)	buffel	[buffəl]

cebra (f)	sebra, kwagga	[sebra], [kwaχχa]
antílope (m)	wildsbok	[vilds·bok]
corzo (m)	reebok	[reəbok]
gamo (m)	damhert	[damhert]
gamuza (f)	gems	[χems]
jabalí (m)	wildevark	[vildə·fark]

ballena (f)	walvis	[valfis]
foca (f)	seehond	[seə·hont]
morsa (f)	walrus	[valrus]
oso (m) marino	seebeer	[seə·beər]
delfín (m)	dolfyn	[dolfajn]

oso (m)	beer	[beər]
oso (m) blanco	ysbeer	[ajs·beər]
panda (f)	panda	[panda]

mono (m)	aap	[ãp]
chimpancé (m)	sjimpansee	[ʃimpaŋseə]
orangután (m)	orangoetang	[oranχutaŋ]
gorila (m)	gorilla	[χorilla]
macaco (m)	makaak	[makãk]
gibón (m)	gibbon	[χibbon]

elefante (m)	olifant	[olifant]
rinoceronte (m)	renoster	[renostər]
jirafa (f)	kameelperd	[kameəl·pert]
hipopótamo (m)	seekoei	[seə·kui]

| canguro (m) | kangaroe | [kanχaru] |
| koala (f) | koala | [koala] |

mangosta (f)	muishond	[mœis·hont]
chinchilla (f)	chinchilla, tjintjilla	[tʃin·tʃila]
mofeta (f)	stinkmuishond	[stinkmœis·hont]
espín (m)	ystervark	[ajstər·fark]

89. Los animales domésticos

gata (f)	kat	[kat]
gato (m)	kater	[katər]
perro (m)	hond	[hont]

caballo (m)	perd	[pert]
garañón (m)	hings	[hiŋs]
yegua (f)	merrie	[merri]

vaca (f)	koei	[kui]
toro (m)	bul	[bul]
buey (m)	os	[os]

oveja (f)	skaap	[skãp]
carnero (m)	ram	[ram]
cabra (f)	bok	[bok]
cabrón (m)	bokram	[bok·ram]

asno (m)	donkie, esel	[donki], [eisəl]
mulo (m)	muil	[mœil]

cerdo (m)	vark	[fark]
cerdito (m)	varkie	[farki]
conejo (m)	konyn	[konajn]

gallina (f)	hoender, hen	[hundər], [hen]
gallo (m)	haan	[hãn]

pato (m)	eend	[eent]
ánade (m)	mannetjieseend	[mannəkis·eent]
ganso (m)	gans	[χaŋs]

pavo (m)	kalkoenmannetjie	[kalkun·mannəki]
pava (f)	kalkoen	[kalkun]

animales (m pl) domésticos	huisdiere	[hœis·dirə]
domesticado (adj)	mak	[mak]
domesticar (vt)	mak maak	[mak mãk]
criar (vt)	teel	[teəl]

granja (f)	plaas	[plãs]
aves (f pl) de corral	pluimvee	[plœimfeə]
ganado (m)	beeste	[beəstə]
rebaño (m)	kudde	[kuddə]

caballeriza (f)	stal	[stal]
porqueriza (f)	varkstal	[fark·stal]
vaquería (f)	koeistal	[kui·stal]
conejal (m)	konynehok	[konajnə·hok]
gallinero (m)	hoenderhok	[hundər·hok]

90. Los pájaros

pájaro (m)	voël	[foɛl]
paloma (f)	duif	[dœif]
gorrión (m)	mossie	[mossi]
carbonero (m)	mees	[meəs]
urraca (f)	ekster	[ɛkstər]
cuervo (m)	raaf	[rãf]

corneja (f)	**kraai**	[krãi]
chova (f)	**kerkkraai**	[kerk·krãi]
grajo (m)	**roek**	[ruk]
pato (m)	**eend**	[eent]
ganso (m)	**gans**	[χaŋs]
faisán (m)	**fisant**	[fisant]
águila (f)	**arend**	[arɛnt]
azor (m)	**sperwer**	[sperwər]
halcón (m)	**valk**	[falk]
buitre (m)	**aasvoël**	[ãsfoɛl]
cóndor (m)	**kondor**	[kondor]
cisne (m)	**swaan**	[swãn]
grulla (f)	**kraanvoël**	[krãn·foɛl]
cigüeña (f)	**ooievaar**	[ojefãr]
loro (m), papagayo (m)	**papegaai**	[papəχãi]
colibrí (m)	**kolibrie**	[kolibri]
pavo (m) real	**pou**	[pæʊ]
avestruz (m)	**volstruis**	[folstrœis]
garza (f)	**reier**	[ræjer]
flamenco (m)	**flamink**	[flamink]
pelícano (m)	**pelikaan**	[pelikãn]
ruiseñor (m)	**nagtegaal**	[naχteχãl]
golondrina (f)	**swael**	[swaəl]
tordo (m)	**lyster**	[lajstər]
zorzal (m)	**sanglyster**	[saŋlajstər]
mirlo (m)	**merel**	[merəl]
vencejo (m)	**windswael**	[vindswaəl]
alondra (f)	**lewerik**	[leverik]
codorniz (f)	**kwartel**	[kwartəl]
pájaro carpintero (m)	**speg**	[speχ]
cuco (m)	**koekoek**	[kukuk]
lechuza (f)	**uil**	[œil]
búho (m)	**ooruil**	[oərœil]
urogallo (m)	**auerhoen**	[ɔuer·hun]
gallo lira (m)	**korhoen**	[korhun]
perdiz (f)	**patrys**	[patrajs]
estornino (m)	**spreeu**	[spriʊ]
canario (m)	**kanarie**	[kanari]
ortega (f)	**bonasa hoen**	[bonasa hun]
pinzón (m)	**gryskoppie**	[χrajskoppi]
camachuelo (m)	**bloedvink**	[bludfink]
gaviota (f)	**seemeeu**	[seəmiʊ]
albatros (m)	**albatros**	[albatros]
pingüino (m)	**pikkewyn**	[pikkəvajn]

91. Los peces. Los animales marinos

brema (f)	brasem	[brasem]
carpa (f)	karp	[karp]
perca (f)	baars	[bãrs]
siluro (m)	katvis, seebaber	[katfis], [seə·babər]
lucio (m)	snoek	[snuk]
salmón (m)	salm	[salm]
esturión (m)	steur	[støər]
arenque (m)	haring	[hariŋ]
salmón (m) del Atlántico	atlantiese salm	[atlantisə salm]
caballa (f)	makriel	[makril]
lenguado (m)	platvis	[platfis]
lucioperca (f)	varswatersnoek	[farswatər·snuk]
bacalao (m)	kabeljou	[kabeljæʊ]
atún (m)	tuna	[tuna]
trucha (f)	forel	[forəl]
anguila (f)	paling	[paliŋ]
raya (f) eléctrica	drilvis	[drilfis]
morena (f)	bontpaling	[bontpaliŋ]
piraña (f)	piranha	[piranha]
tiburón (m)	haai	[hãi]
delfín (m)	dolfyn	[dolfajn]
ballena (f)	walvis	[valfis]
centolla (f)	krap	[krap]
medusa (f)	jellievis	[jelli·fis]
pulpo (m)	seekat	[seə·kat]
estrella (f) de mar	seester	[seə·stər]
erizo (m) de mar	see-egel, seekastaiing	[seə-eχel], [seə·kastajiŋ]
caballito (m) de mar	seeperdjie	[seə·perdʒi]
ostra (f)	oester	[ustər]
camarón (m)	garnaal	[χarnãl]
bogavante (m)	kreef	[kreəf]
langosta (f)	seekreef	[seə·kreəf]

92. Los anfibios. Los reptiles

serpiente (f)	slang	[slaŋ]
venenoso (adj)	giftig	[χiftəχ]
víbora (f)	adder	[addər]
cobra (f)	kobra	[kobra]
pitón (m)	luislang	[lœislaŋ]
boa (f)	boa, konstriktorslang	[boa], [koŋstriktor·slaŋ]
culebra (f)	ringslang	[riŋ·slaŋ]

serpiente (m) de cascabel	ratelslang	[ratəl·slaŋ]
anaconda (f)	anakonda	[anakonda]
lagarto (m)	akkedis	[akkedis]
iguana (f)	leguaan	[leχuãn]
varano (m)	likkewaan	[likkevãn]
salamandra (f)	salamander	[salamandər]
camaleón (m)	verkleurmannetjie	[ferkløər·manneki]
escorpión (m)	skerpioen	[skerpiun]
tortuga (f)	skilpad	[skilpat]
rana (f)	padda	[padda]
sapo (m)	brulpadda	[brul·padda]
cocodrilo (m)	krokodil	[krokodil]

93. Los insectos

insecto (m)	insek	[insek]
mariposa (f)	skoenlapper	[skunlappər]
hormiga (f)	mier	[mir]
mosca (f)	vlieg	[fliχ]
mosquito (m) (picadura de ~)	muskiet	[muskit]
escarabajo (m)	kewer	[kevər]
avispa (f)	perdeby	[perdə·baj]
abeja (f)	by	[baj]
abejorro (m)	hommelby	[hommǝl·baj]
moscardón (m)	perdevlieg	[perdə·fliχ]
araña (f)	spinnekop	[spinnə·kop]
telaraña (f)	spinnerak	[spinnə·rak]
libélula (f)	naaldekoker	[nãldə·kokər]
saltamontes (m)	sprinkaan	[sprinkãn]
mariposa (f) nocturna	mot	[mot]
cucaracha (f)	kakkerlak	[kakkerlak]
garrapata (f)	bosluis	[boslœis]
pulga (f)	vlooi	[floj]
mosca (f) negra	muggie	[muχχi]
langosta (f)	treksprinkhaan	[trek·sprinkhãn]
caracol (m)	slak	[slak]
grillo (m)	kriek	[krik]
luciérnaga (f)	vuurvliegie	[fɪrfliχi]
mariquita (f)	lieweheersbesie	[liveheərs·besi]
sanjuanero (m)	lentekewer	[lentekevər]
sanguijuela (f)	bloedsuier	[blud·sœiər]
oruga (f)	ruspe	[ruspə]
lombriz (m) de tierra	erdwurm	[ɛrd·vurm]
larva (f)	larwe	[larvə]

LA FLORA

árbol (m)	boom	[boəm]
foliáceo (adj)	bladwisselend	[bladwisselent]
conífero (adj)	kegeldraend	[keχɛldraent]
de hoja perenne	immergroen	[immərχrun]

manzano (m)	appelboom	[appɛl·boəm]
peral (m)	peerboom	[peər·boəm]
cerezo (m)	soetkersieboom	[sutkersi·boəm]
guindo (m)	suurkersieboom	[sɪrkersi·boəm]
ciruelo (m)	pruimeboom	[prœimə·boəm]

abedul (m)	berk	[berk]
roble (m)	eik	[æjk]
tilo (m)	lindeboom	[lində·boəm]
pobo (m)	trilpopulier	[trilpopulir]
arce (m)	esdoring	[ɛsdoriŋ]
pícea (f)	spar	[spar]
pino (m)	denneboom	[dɛnnə·boəm]
alerce (m)	lorkeboom	[lorkə·boəm]
abeto (m)	den	[den]
cedro (m)	seder	[sedər]

álamo (m)	populier	[populir]
serbal (m)	lysterbessie	[lajstərbɛssi]
sauce (m)	wilger	[vilχər]
aliso (m)	els	[ɛls]
haya (f)	beuk	[bøək]
olmo (m)	olm	[olm]
fresno (m)	esboom	[ɛs·boəm]
castaño (m)	kastaiing	[kastajiŋ]

magnolia (f)	magnolia	[maχnolia]
palmera (f)	palm	[palm]
ciprés (m)	sipres	[sipres]

mangle (m)	wortelboom	[vortəl·boəm]
baobab (m)	kremetart	[kremetart]
eucalipto (m)	bloekom	[blukom]
secoya (f)	mammoetboom	[mammut·boəm]

95. Los arbustos

| mata (f) | struik | [strœik] |
| arbusto (m) | bossie | [bossi] |

vid (f)	wingerdstok	[viŋərd·stok]
viñedo (m)	wingerd	[viŋərt]
frambueso (m)	framboosstruik	[framboəs·strœik]
grosellero (m) negro	swartbessiestruik	[swartbɛssi·strœik]
grosellero (m) rojo	rooi aalbessiestruik	[roj ālbɛssi·strœik]
grosellero (m) espinoso	appelliefiestruik	[appɛlifi·strœik]
acacia (f)	akasia	[akasia]
berberís (m)	suurbessie	[sɪr·bɛssi]
jazmín (m)	jasmyn	[jasmajn]
enebro (m)	jenewer	[jenevər]
rosal (m)	roosstruik	[roəs·strœik]
escaramujo (m)	hondsroos	[honds·roəs]

96. Las frutas. Las bayas

fruto (m)	vrug	[fruχ]
frutos (m pl)	vrugte	[fruχtə]
manzana (f)	appel	[appəl]
pera (f)	peer	[peər]
ciruela (f)	pruim	[prœim]
fresa (f)	aarbei	[ārbæj]
guinda (f)	suurkersie	[sɪr·kersi]
cereza (f)	soetkersie	[sɪt·kersi]
uva (f)	druif	[drœif]
frambuesa (f)	framboos	[framboəs]
grosella (f) negra	swartbessie	[swartbɛssi]
grosella (f) roja	rooi aalbessie	[roj ālbɛssi]
grosella (f) espinosa	appelliefie	[appɛlifi]
arándano (m) agrio	bosbessie	[bosbɛssi]
naranja (f)	lemoen	[lemun]
mandarina (f)	nartjie	[narki]
piña (f)	pynappel	[pajnappəl]
banana (f)	piesang	[pisaŋ]
dátil (m)	dadel	[dadəl]
limón (m)	suurlemoen	[sɪr·lemun]
albaricoque (m)	appelkoos	[appɛlkoəs]
melocotón (m)	perske	[perskə]
kiwi (m)	kiwi, kiwivrug	[kivi], [kivi·fruχ]
toronja (f)	pomelo	[pomelo]
baya (f)	bessie	[bɛssi]
bayas (f pl)	bessies	[bɛssis]
arándano (m) rojo	pryselbessie	[prajsɛlbɛssi]
fresa (f) silvestre	wilde aarbei	[vildə ārbæj]
arándano (m)	bloubessie	[blæubɛssi]

97. Las flores. Las plantas

flor (f)	blom	[blom]
ramo (m) de flores	boeket	[buket]
rosa (f)	roos	[roəs]
tulipán (m)	tulp	[tulp]
clavel (m)	angelier	[anχəlir]
gladiolo (m)	swaardlelie	[swārd·leli]
aciano (m)	koringblom	[koriŋblom]
campanilla (f)	grasklokkie	[χras·klokki]
diente (m) de león	perdeblom	[perdə·blom]
manzanilla (f)	kamille	[kamillə]
áloe (m)	aalwyn	[ālwajn]
cacto (m)	kaktus	[kaktus]
ficus (m)	rubberplant	[rubbər·plant]
azucena (f)	lelie	[leli]
geranio (m)	malva	[malfa]
jacinto (m)	hiasint	[hiasint]
mimosa (f)	mimosa	[mimosa]
narciso (m)	narsing	[narsiŋ]
capuchina (f)	kappertjie	[kapperki]
orquídea (f)	orgidee	[orχideə]
peonía (f)	pinksterroos	[pinkstər·roəs]
violeta (f)	viooltjie	[fioəlki]
trinitaria (f)	gesiggie	[χesiχi]
nomeolvides (f)	vergeet-my-nietjie	[ferχeət-maj-niki]
margarita (f)	madeliefie	[madelifi]
amapola (f)	papawer	[papavər]
cáñamo (m)	hennep	[hɛnnəp]
menta (f)	kruisement	[krœisəment]
muguete (m)	dallelie	[dalleli]
campanilla (f) de las nieves	sneeuklokkie	[sniʊ·klokki]
ortiga (f)	brandnetel	[brant·netəl]
acedera (f)	veldsuring	[fɛltsuriŋ]
nenúfar (m)	waterlelie	[vatər·leli]
helecho (m)	varing	[fariŋ]
liquen (m)	korsmos	[korsmos]
invernadero (m) tropical	broeikas	[bruikas]
césped (m)	grasperk	[χras·perk]
macizo (m) de flores	blombed	[blom·bet]
planta (f)	plant	[plant]
hierba (f)	gras	[χras]
hoja (f) de hierba	grasspriet	[χras·sprit]

hoja (f)	blaar	[blãr]
pétalo (m)	kroonblaar	[kroən·blãr]
tallo (m)	stingel	[stiŋəl]
tubérculo (m)	knol	[knol]

| retoño (m) | saailing | [sãjliŋ] |
| espina (f) | doring | [doriŋ] |

florecer (vi)	bloei	[blui]
marchitarse (vr)	verlep	[ferlep]
olor (m)	reuk	[røək]
cortar (vt)	sny	[snaj]
coger (una flor)	pluk	[pluk]

98. Los cereales, los granos

grano (m)	graan	[χrãn]
cereales (m pl) (plantas)	graangewasse	[χrãn·χəwassə]
espiga (f)	aar	[ãr]

trigo (m)	koring	[koriŋ]
centeno (m)	rog	[roχ]
avena (f)	hawer	[havər]
mijo (m)	gierst	[χirst]
cebada (f)	gars	[χars]

maíz (m)	mielie	[mili]
arroz (m)	rys	[rajs]
alforfón (m)	bokwiet	[bokwit]

guisante (m)	ertjie	[ɛrki]
fréjol (m)	nierboon	[nir·boən]
soya (f)	soja	[soja]
lenteja (f)	lensie	[lɛŋsi]
hábas (f pl)	boontjies	[boənkis]

LOS PAÍSES

Afganistán (m)	Afghanistan	[afχanistan]
Albania (f)	Albanië	[albaniɛ]
Alemania (f)	Duitsland	[dœitslant]
Arabia (f) Saudita	Saoedi-Arabië	[saudi-arabiɛ]
Argentina (f)	Argentinië	[arχentiniɛ]
Armenia (f)	Armenië	[armeniɛ]
Australia (f)	Australië	[ɔustraliɛ]
Austria (f)	Oostenryk	[oəstenrajk]
Azerbaiyán (m)	Azerbeidjan	[azerbæjdjan]
Bangladesh (m)	Bangladesj	[bangladeʃ]
Bélgica (f)	België	[belχiɛ]
Bielorrusia (f)	Belarus	[belarus]
Bolivia (f)	Bolivië	[boliviɛ]
Bosnia y Herzegovina	Bosnië & Herzegowina	[bosniɛ en hersegovina]
Brasil (m)	Brasilië	[brasiliɛ]
Bulgaria (f)	Bulgarye	[bulχaraje]
Camboya (f)	Kambodja	[kambodja]
Canadá (f)	Kanada	[kanada]
Chequia (f)	Tjeggië	[tʃeχiɛ]
Chile (m)	Chili	[tʃili]
China (f)	Sjina	[ʃina]
Chipre (m)	Ciprus	[siprus]
Colombia (f)	Colombia, Kolombië	[kolombia], [kolombiɛ]
Corea (f) del Norte	Noord-Korea	[noərd-korea]
Corea (f) del Sur	Suid-Korea	[sœid-korea]
Croacia (f)	Kroasië	[kroasiɛ]
Cuba (f)	Kuba	[kuba]
Dinamarca (f)	Denemarke	[denemarkə]
Ecuador (m)	Ecuador	[ɛkuador]
Egipto (m)	Egipte	[ɛχiptə]
Emiratos (m pl) Árabes Unidos	Verenigde Arabiese Emirate	[ferenixdə arabisə emiratə]
Escocia (f)	Skotland	[skotlant]
Eslovaquia (f)	Slowakye	[slovakaje]
Eslovenia	Slovenië	[slofeniɛ]
España (f)	Spanje	[spanje]
Estados Unidos de América (m pl)	Verenigde State van Amerika	[ferenixdə statə fan amerika]
Estonia (f)	Estland	[ɛstlant]
Finlandia (f)	Finland	[finlant]
Francia (f)	Frankryk	[frankrajk]

100. Los países. Unidad 2

Georgia (f)	Georgië	[χeorχiɛ]
Ghana (f)	Ghana	[χana]
Gran Bretaña (f)	Groot-Brittanje	[χroət-brittanje]
Grecia (f)	Griekeland	[χrikəlant]
Haití (m)	Haïti	[haïti]
Hungría (f)	Hongarye	[honχaraje]

India (f)	Indië	[indiɛ]
Indonesia (f)	Indonesië	[indonesiɛ]
Inglaterra (f)	Engeland	[ɛŋəlant]
Irak (m)	Irak	[irak]
Irán (m)	Iran	[iran]
Irlanda (f)	Ierland	[irlant]
Islandia (f)	Ysland	[ajslant]
Islas (f pl) Bahamas	die Bahamas	[di bahamas]
Israel (m)	Israel	[israəl]
Italia (f)	Italië	[italiɛ]

Jamaica (f)	Jamaika	[jamajka]
Japón (m)	Japan	[japan]
Jordania (f)	Jordanië	[jordaniɛ]

Kazajstán (m)	Kazakstan	[kasakstan]
Kenia (f)	Kenia	[kenia]
Kirguizistán (m)	Kirgisië	[kirχisiɛ]
Kuwait (m)	Kuwait	[kuvajt]

Laos (m)	Laos	[laos]
Letonia (f)	Letland	[letlant]
Líbano (m)	Libanon	[libanon]
Libia (f)	Libië	[libiɛ]
Liechtenstein (m)	Lichtenstein	[liχtɛŋstejn]
Lituania (f)	Litoue	[litæʊə]
Luxemburgo (m)	Luksemburg	[luksemburχ]

Macedonia	Masedonië	[masedoniɛ]
Madagascar (m)	Madagaskar	[madaχaskar]
Malasia (f)	Maleisië	[malæjsiɛ]
Malta (f)	Malta	[malta]
Marruecos (m)	Marokko	[marokko]
Méjico (m)	Meksiko	[meksiko]
Moldavia (f)	Moldawië	[moldaviɛ]
Mónaco (m)	Monako	[monako]
Mongolia (f)	Mongolië	[monχoliɛ]
Montenegro (m)	Montenegro	[montənegro]
Myanmar (m)	Myanmar	[mjanmar]

101. Los países. Unidad 3

| Namibia (f) | Namibië | [namibiɛ] |
| Nepal (m) | Nepal | [nepal] |

Noruega (f)	**Noorweë**	[noərwɛ]
Nueva Zelanda (f)	**Nieu-Seeland**	[niu-seəlant]
Países Bajos (m pl)	**Nederland**	[nedərlant]
Pakistán (m)	**Pakistan**	[pakistan]
Palestina (f)	**Palestina**	[palestina]
Panamá (f)	**Panama**	[panama]
Paraguay (m)	**Paraguay**	[naraɡwaj]
Perú (m)	**Peru**	[peru]
Polinesia (f) Francesa	**Frans-Polinesië**	[frans-polinesiɛ]
Polonia (f)	**Pole**	[polə]
Portugal (m)	**Portugal**	[portuχal]
República (f) Dominicana	**Dominikaanse Republiek**	[dominikãŋsə republik]
República (f) Sudafricana	**Suid-Afrika**	[sœid-afrika]
Rumania (f)	**Roemenië**	[rumeniɛ]
Rusia (f)	**Rusland**	[ruslant]
Senegal (m)	**Senegal**	[seneχal]
Serbia (f)	**Serwië**	[serwiɛ]
Siria (f)	**Sirië**	[siriɛ]
Suecia (f)	**Swede**	[swedə]
Suiza (f)	**Switserland**	[switsərlant]
Surinam (m)	**Suriname**	[surinamə]
Tayikistán (m)	**Tadjikistan**	[tadʒikistan]
Tailandia (f)	**Thailand**	[tajlant]
Taiwán (m)	**Taiwan**	[tajvan]
Tanzania (f)	**Tanzanië**	[tansaniɛ]
Tasmania (f)	**Tasmanië**	[tasmaniɛ]
Túnez (m)	**Tunisië**	[tunisiɛ]
Turkmenistán (m)	**Turkmenistan**	[turkmenistan]
Turquía (f)	**Turkye**	[turkaje]
Ucrania (f)	**Oekraïne**	[ukraïnə]
Uruguay (m)	**Uruguay**	[urugwaj]
Uzbekistán (m)	**Oezbekistan**	[uzbekistan]
Vaticano (m)	**Vatikaan**	[fatikãn]
Venezuela (f)	**Venezuela**	[fenesuela]
Vietnam (m)	**Viëtnam**	[victnam]
Zanzíbar (m)	**Zanzibar**	[zanzibar]